U0680490

飞飞MOOK http://ff.163.com

梦回瑞加

★ 开启网游飞行时代

重庆大学出版社

图书在版编目（CIP）数据

飞飞mook之梦回瑞加/重庆漫想族文化传播有限公司
编.—重庆：重庆大学出版社，2010.3
ISBN 978-7-5624-5301-7

Ⅰ．①飞…　Ⅱ．①重…　Ⅲ．①智力游戏-少儿读物
Ⅳ.①G898.2
中国版本图书馆CIP数据核字（2010）第029126号

飞飞mook之梦回瑞加

重庆漫想族文化传播有限公司　编

项目执行：肖 夏　　项目总监：卞 林

策　　划：　　重庆日报报业集团图书出版有限责任公司

重庆漫想族文化传播有限公司

责任编辑：曾钰钦　　版式设计：豆 豆

责任校对：任卓惠　　责任印刷：张 策

*

重庆大学出版社出版发行
出版人：张鸽盛
社址：重庆市沙坪坝正街174号重庆大学（A区）内
邮编：400030
电话：(023) 65102378　65105781
传真：(023) 65103686　65105565
网址：http://www.cqup.com.cn
邮箱：fxk@cqup.com.cn（营销中心）
全国新华书店经销
重庆三联商和包装印务有限公司印刷

*

开本：889×1194　1/16　印张：6　字数：193千
2010年4月第1版　2010年4月第1次印刷
ISBN 978-7-5624-5301-7　定价：38.00元

目录

卷首语

【飞飞の魂】

伴随着古老的钟声，皎洁的月亮，缓缓地下落。静谧的月光洒在铺满鹅卵石的广场上，是如此的安祥。

晨光，照射在城中安静的湖面上，七彩的光晕勾渲出奇幻的景象，宛如泛光的泡泡，点缀在湖心上面，俏皮地从那道彩虹上轻轻飘过。

城市开始在朝阳下焕发出活力。

穿过那传说中的梦想之门，恍然间许了个愿望，这古老而神秘的大门已经为无数的人们带来了好运并实现了他们的梦想。俯瞰着城市的繁华，环视着错落有致的建筑群。这里不仅仅是魔法的研习圣地，也是科技相当发达的区域，你可以看见许多科技与魔法的结合。

突然，一座宏伟的空中城堡映入眼球。此刻，它，成为了我的焦点。

气势磅礴的紫雾环抱在城市的上空，似乎是在祈祷着什么。

高耸入云的它，比什么都更接近神的天堂，也更能够得到神的眷顾，或许这就是这个城市如此繁荣昌盛以及和平的原因。暮色降临，整座城市发展的步调却没有丝毫懈怠。

感受着它所散发的文明气息，我心潮澎湃地看着这座被神眷顾的城市——瑞加王城。

ff.163.com

开启网游飞行时代

七夕攻略、故事、星座、电台、名人采访

一网打尽

　　浪漫的七夕正带着它那传世典范的真爱传说悄悄地向我们走来，那么今年的七夕你又准备怎样与心爱的人一起度过一个难忘而特别的节日呢？一个不管经历多少岁月，依然难以忘怀的爱情节日！如果，此时你还没有拿定主意那就听听我们的建议吧！

　　坠入爱河的人是否也都有过任风雨经年，唯与你同路的感叹呢？！也都想过与心爱的人一起经历一番爱情的考验吧！由此来证明彼此之间的爱情坚不可摧！在这个七夕，《新飞飞》将给你一次考验真爱的机会！在8月25日-8月31日，《新飞飞》即将推出七夕线上活动——『爱の约会』，活动时间系统自动邀请，瞬间传送至活动场地，到时候请注意界面下方的闪烁按钮哦！通过真爱考验的情侣，将获得我们《新飞飞》的丰厚奖励！珍藏版飞行器、海量经验等着你们来拿哦！还记得我们首届征文大赛攻略组特等奖的作品吗？精细的图片制作，细致的任务讲解，我们的攻略小天王，这次也不负众望，给大家带来了情侣任务攻略，其中还有许多的过关捷径哦！

活动攻略

【攻略】七夕活动攻略

按照图片中的的箭头指示

【攻略】情侣任务攻略

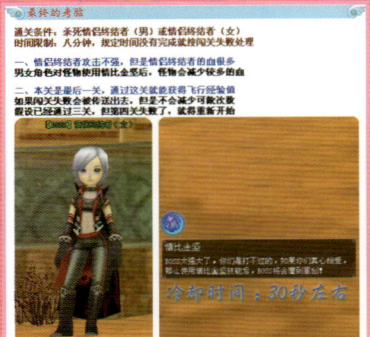

　　俗话说，只羡鸳鸯不羡仙，自古以来，爱情就被人们所尊崇。那么在如今我们的飞飞世界里面又有哪些值得人们所称颂的爱情呢！？那么就来看看我们官方记者团采访组的几位记者为大家带来几对飞飞"模范夫妻"的相恋故事！

情侣采访

【情侣采访】三只小鹿谈爱情

【情侣采访】幸福的两口子

古代，牛郎和织女为了相见，约定在每年的农历七月初七在鹊桥相会。如今，瑞加大陆的情侣们，每天都会骑着华丽的情侣飞行器去约会。流氓兔、蝴蝶猫王子、梦境飞马，你还在犹豫选择哪一款么？既然这样，来看看我们记者团的推荐吧。

情侣飞行器推荐

漂亮的飞行器

在这样一个充满浪漫气息的节日里，你是否会为选择到哪里去约会而找不到好的去处而苦恼呢，在我们的飞飞世界里，风景秀丽、景色宜人的地方很多，那么，哪才是适合自己的呢。我们记者特地为各位玩家推出7个具有代表性的约会地点，带上心爱的人一起去约会吧。

最佳约会地点

亲爱的帅哥靓女们！赶快带上你的真爱宣言，带上你的美丽爱情，带上你心爱的TA，来我们的《新飞飞》过一个不同寻常的浪漫节日吧！我们期待与您的相约！

"初夏 夜之梦"

卷首语

弹指一挥间,万物葱绿的春天匆匆而逝,
我们迎来了这个流火的季节——炎炎夏日
绿肥红瘦,
这浓浓的绿霸占得满山遍野,
但这又不由得勾起了我们那遥远的回忆,

回忆初夏,
回忆那静静的迷人的夜,
那个美妙的夜晚,
又有着怎样美妙的故事呢?
纯纯的青涩的泡沫之夏,
亦或凄婉感人的梁祝化蝶,
又或荡气回肠的倾城之恋呢?

"初夏 夜之梦"

新一代的飞飞，新时代的势力

背景：

想必有很多人都在为精炼装备撞破头了吧。

从 +5 到 +10 那醒目的附加的属性确实让人眼前一亮，但光看精炼，我们就会发现一个很郁闷的现象，装备的精炼只提升攻防，至于人物的三围毫无影响，比如爆击，命中等等。

这就产生了一个疑问，要使人物属性全方位的提升，必须从两个方面进行提升：1. 装备精炼提升攻防，2. 家族技能提升三围。这先撇开宠物不说。

按游戏设定显示而言，把一件装备砸到无极 (+10) 也只是把装备等级提高了 10，其实不然，每精炼一次装备，装备等级提高 10，也就是说无极装备等级，提高 100 个等级 (这样更好理解些，系统给的装备等级让人看的一头雾水)，这是在攻防上的等级提升。

再来比较下，装备提高 10 个等级 (不精炼，等级换装)，在三围上的差异，爆 / 命 / 躲等属性均提高 1%，也就是说人物三围提高 1%，相当于装备提高 10 个等级，也就是精炼一次装备。

让我们来看下关系，人物三围的因素——家族技能。

家族技能每学一级，属性提高 0.125%，学 8 级正 1%。家族技能总共能研究到 80 级，正好是 10%。仔细点就会发现，家族技能学满，就相当于是把你身上的装备被动的砸到了无极。

我个人是 105 弓手，经常是带着 95 精良 +5 在 pkc 玩，装备比我牛 x 很多的人都倒在我的箭下，大家可以说我的战术特别的领先，但由于本人神经先天反射比别人慢一倍，所以战术的领先也只是稍微弥补了我的先天劣势，或者还占劣势，就因为本人家族技能都是 30 级左右，在对手看不到的属性上 (总属性上)，我还是占有优势的。

介于对装备精炼系统、装备属性和家族技能的分析，大家应该知道家族的重要性了吧。

极品装备

经历：

刚转档过来的时候，很多势力都提倡把人叫到一个家族，当时我们也这么做了。但当我发现家族技能的重要性的时候，我就极力拆了这个家族，同时发展了三、四个比较有潜力的家族，并给家族分配不同的家族技能研究任务。但因为本人中间叛逃出去玩了三、四个月的魔兽，留学的设想没能完全落实，主要原因还是成员把家族贡献看的太重，回来的时候，家族技能的研究也不远没达到我预期进度。

家族建立

措施：

1. 建立一个门户家族，主要用于势力宣传，游戏内 pvp (如果不要那个巅峰、三国风云的家族排名，这门户家族不建也罢)

2. 发展 3、4 个小家族，以收新人为主，并分别研究不同的家族技能，无聊的时候，小家族之间开开矿战，锻炼下小号们的 pk 热度。

3. 鼓励成员的留学积极性，只要是对 pvp 有点热爱的玩家，这点家族贡献还是不会在意的吧。

4. 因为很多家族现在都拿自己的垫背家族刷矿战，这有个建议，每个家族自备 2 个垫背家族，每个月 2 垫背各给家族刷 4 次，剩余的 4 次，2 垫背对刷。这只是个临时措施。

总结：

这也算是既收了新人，又最大限度的发展家族技能的方法了吧。

夏天那个梦

一张照片——我因为一张照片背起远行的行囊

那年夏天，我记得你的笑容。在遇见你之后的又一个夏天，我还是不得不承认，即便你离开了那么久，你还是那么的熟悉。

oh sweetest summer time……oh you're my baby girl……你看，你的最爱的歌我总是会不经意唱起来。像夏天这样的季节，除了回忆还能剩下多少美丽。

那年夏天，就在那个闷热得快窒息的季节我们遇见了。你骑着无极流氓兔跟随着大部队来到我面前。不，是我们一群经过一番打扮的女生面前——参加这次婚礼的来宾们，男的都得邀请女的坐上情侣车，组成迎亲队伍。女生则都集合在一个点上。

果然，这样的安排使得本来烦闷的季节也有了一丝宿命的气息。再合情合理不过的遇见，你邀请了我，两个人便一起到达了婚礼地点，一路上无再多的语言，只是简单的问候，像很早就熟悉的朋友再次相见的感觉。

……

热闹的地方，梦幻的季节，还是不适合寂寞的人儿哪。我又默默地离开了。

第二次遇见，我才知道什么叫缘分，那是好友的婚礼，拥挤的人群，一个接着一个绽放开的礼花。美好得不容任何事物加以破坏，倏忽间，却发现一个人影朝我奔来，原来是你。

"啊，真巧。"我不知道这美妙的时刻该说什么。我想只是偶遇吧，像你这样的人物当然会参加各种活动了。

"嗯，婚礼嘛，凑凑热闹的。"

"我们很有缘啊……"

"我们靠近点新婚夫妻去看看嘛。"

你在我身边像个话痨子，搞得我一向独来独往的人有些不自在。发现我一直不说话，你似乎有些急了。"你知道我为了'偶遇'你，每日都要关注下有没有你可能会参加的活动？身边的朋友都知道我在寻找你，那天正想好好友。你却离开了……"

我尽量克制住自己的惊讶，原来像我也会受到那样的关心，原来大多数人只知道缘分可以改变一切，却不知道缘分是要自己去争取。

自然的，我们走到了一起。像许多恋人一样，去逛飞飞里的山山水水，去为彼此买对方想要的礼物，想看到对方惊喜的表情，去拍照，说要把整个飞飞世界拍个遍，说要一起玩到飞飞倒闭才够，去帕里的空中花园，说要品尝花的甜味，去弄情侣号，但总是男号七老八十的，女主角还在断桥旁，去开店用一两句歌词，非要搞得人人都知道我们在一起……

就这样笑着闹着，一起并肩走在一起，却从来不言说"爱"亦或是其他的"誓言"，我懂得，毕竟是一个虚拟的世界，两个人也只能傻傻地在一起站一天都不累。如果是现实，可以拥抱，购物，唱歌……世界立刻就有趣起来。但是现在只能看到屏幕上"my baby girl"，再幻想你此时会是什么样的表情。

能如此下去亦足够了，我对自己说。

7月12日，我们的遇见。8月7日（7月初7）我们的婚礼。8月30日，夏逝秋至时，你把东西卖了。是的，你说你要离开了，去国外。其实无意间我已听说了，只是这一刻我还是愣住了，我一个字一个字努力的打着"没事，反正我开学了、不会再玩。"转眼间，眼泪滑落在手背上。

此刻，到底用什么词语来形容我的心情才会合适。亲爱的，我的守护才升83，到84，我们就可以一起打怪了。亲爱的，是不是我很傻，只要面对你，就什么也说不出口。亲爱的，其实我多想让你留下，可我的力气只够打"没事"。亲爱的，原来我们从来就没有未来……

现在是第二个年头的夏天了，还如上一年一样闷热。

亲爱的，还记不记得我唯一一次撒娇，而如今游戏里再也不会出现你的身影，除了留下的整百张照片，我的电脑里也不再有飞飞。我想我是个被季节遗忘的孩子吧，等到窗外叶子都绿透了，才发现不再是上一年的初夏了。

时间过去很久很久了，它久得让我觉得自己早已释怀了，以为一切又恢复平静。可当我好几次不经意

间想起你的时候，我的大脑还是会停滞很久。不知道那么遥远的距离，你过得好不好。

夏天，本是梦幻带着憧憬的季节，我却无法不回忆起曾经的种种，无法不哼唱着你最喜欢的歌：

oh sweetest summer time……oh you're my baby girl……对不起，这只是我在梦中的呓语，一个在夏天真实的梦境……

一张照片——我因为一张照片背起远行的行囊

那年夏天的炎热，至今我还心有余悸。那灼到室息的温度像开锅的开水冒沸腾的水泡。我因为一张照片背起远行的背囊，照片上的你有这干净的头发、清新的脸庞。

我是一个来自乡镇的小丫头、裹着沾满泥巴的裤腿巴巴的离开养育我十八年的故土，一切的执着都只是为了你。自从第一眼在西域的告示牌上见过"你"一眼——你是王城的高考状元，那一眼足够让我终生难忘。

那一天我鼓起最大的勇气背起沉重的包裹背井离乡。你在我的梦里出现了上百次，你的一颦一笑我早铭记于心。揉了揉因为长途跋涉酸胀异常的腿。因为有了你，一路微笑。苦于累更像是幻化出来的错觉。

我一直在勾画出心中的他，他应该有这温暖的微笑，虽然照片看上去很冷冰，可是不都是说这样的人是外冷内热吗？他到底是个什么样的人呢，我一直闷着头思索，却没发现迎面来的一辆摩托车，嘭的一声我被撞的眼冒金星，混沌中的我听见了焦急的呼喊声……

我看不清他的样子，但那白色头发深深震撼了我。

我被一股浓浓"农药"味熏醒，一连三个喷嚏彻底解放了我可怜的鼻子。我挣扎的爬起了软软的床，这里四处是白色，这应该就是传说中的医院吧，像我这样的健康宝宝还是第一次进医院。我终于发现了旁边一脸白色粘液的物体，那物体有一头刺眼的白发。难道难道……这就是传说中雪山妖怪。

"啊！妖怪啊！"我蜷缩在床上，瑟瑟发抖。

"该死的，我一定要亲手杀了你，你给我等着。"

白色妖怪像受了什么刺激似的冲了出去。我看见"它"头发都已经站了起来，还有黑压压的雨雾。经过短暂的思想混乱——那白色的粘稠物体该不会是我的鼻涕吧？嗡！脑袋爆裂似的炸开。

三十六计走为上策。我甚至可以预料他回来后手

里拿这亮晃晃的大刀来寻我的命。就在我即将要成功的脱离我的床铺时，一声像来自地狱的声音出现在我的头顶："需要帮助吗，嘿嘿。这是要上哪去啊。"

我绝望地抬起头对上那头雪白的头发。末日也不过如此吧。

当然，我偷跑的计划没那么的顺利。我甚至后悔就怎么离开淳朴的家乡，也忘记了家人交代城里人是老虎的家训。一失足成千古恨。

我的青春啊，就在成为某恶霸的奴隶后断送了。一个悔字很难表达我的心情。我恨喷错方向的喷嚏，恨死了这个白发小子。我们之间的交流就是"白小子""黑丫头"。

我讨厌别人说我黑……

我告诉了白小子我来王城的目的，出乎意料的。他并没有取笑我。只是说"这很像你会干的事"这句话彻底惹毛了我，他的口气就像猴子应该偷桃，母鸡应该下蛋，而我本就应该千里寻夫似的。他哈哈大笑摸摸我的头说"你还不笨吗？"

已经三个月了，我还是没有找到那个他。白小子悄悄把下巴放在我的肩膀上"我没有照片上的他好看么"我的心莫名的悸动。说实话，白小子很好看，刚毅的下巴，浓密的眉毛，干练的眼神，嚣张的白色头发。在人群中随便一个眼神就能迷倒一千少女。

他并不是那种让人一看就能感觉如沐春风的。如果说照片上的他是和煦的风，而我身边的臭小子就像骄阳似火的太阳。一个温柔，一个霸气。

夏末，揣着志忐不安的心，我终于按照地址找到了照片上的那个他。不过出乎意料的是他和她的婚礼上。他比照片的头发长了一些，其他没什么变化，我并没有理所当然中的那么伤心与难过，甚至祈祷他们能够幸福。毕竟是我懵懂恋慕过的人。

秋至，我的爱人向我求婚。

他是我第一个接触男性，他的名字叫熙。一个脾气暴躁，有些叛逆的白头小子。每次想起我们的初识总是忍俊不禁。而从此我的生活再也没有脱离过他的影子，上帝在盛夏给了我最好的果实。

爱情，我想就是有个能包容自己的男人，能照顾自己，安慰自己，逗自己开心，能互相损两句解解闷就成。多年后我问过熙，没害怕过我真的爱上照片上的少年么。他说"笨蛋，是那张照片锁住了咱俩的缘。"有点窝火，有点甜蜜。

忘了说，结婚请帖上主婚人是轩——照片上的男孩。

夏天的那个梦 END

大话中秋

飞客部落时尚期刊

卷首语

　　飞客部落议事厅是一间位于炎之岛的小茅屋，飞客的各项重大事件基本都是从那里商议决定的。此刻，在这破破烂烂，哦不，是简陋的小茅屋里，各族野人首脑正在商议这几件关于飞客生死存亡的大事……

　　喵手拿棒棒糖表情极其严肃地看着嗲K整理的会议材料，软绵绵地道："那么，大家都觉得我们应该拨出一部分预算给我们的草皮裙更新换代一下？""呃，毕竟天气冷了嘛……你有猫毛可我们皮肤光滑啊……就算不更新换代也得一人发个麻袋简单御寒一下啊！"指头身体贴十几个保暖带极度虚弱地说道。"那么好，就按第二套方案吧，一个人发个麻袋简单凑合下。冬天也就几个月而已，不长，不长……喵哈哈哈……"

　　"那么第二件事……中秋节。"

　　"呃，中秋节需要从简。月饼问题，嗲K，大前年的月饼不是还剩一块吗？拿去分分，一人吃一口，意思意思就行了啦啊！""晕！前年月饼打折你买了3车月饼，然后我们吃了3年！""不行就是不行，节省节省！"喵依然是一副讨打的闲适表情。"为什么？""没有为什么，我说这么着就这么着，我说什么就得这么干，我说不买就不买！""你不能因为减肥就不让别人吃甜的，这不公平！""我说公平就公平！我说我现在把这个桌子吃了谁也拦不住我！"……于是，在这普天同庆月圆的日子里，飞客野人身披麻袋口嚼过期月饼与各位看官一同庆祝。

　　比较之后，你们是不是突然觉得你们真的是太幸福了呢？

作者：果儿 女圭。。女圭o..0 ●.˙涙 いちご貓貓 兰色 421106317 （S.may4TH-v-） （魂）

泳裝show——來自翠MM們的清涼夏日

SHOW场

翠部时装馆

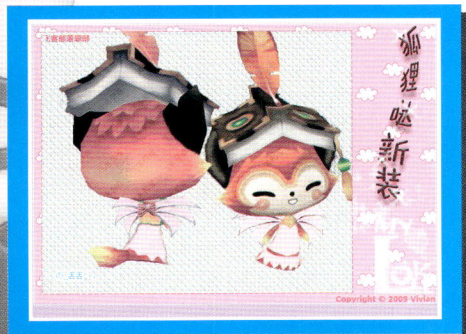

飞客全家福—现有飞客成员的靓照

飞客界人是一家，我们要团结和谐，奋发向上！

欢迎好《新飞飞》战斗群的你

SHOW

飞客小故事

2010，让我们在新飞飞里结婚吧！

2010年情人节，温馨浪漫的春之气息扑面而来，有缘千里来相会，一对恋人总要经历无数才能迈向甜蜜的彼岸。而从今天起，满72级以上，恋爱关系超过14天，亲密度大于3000，魅力值大于500的新飞飞恋人们，就能走向最幸福的时刻了。

你们，可以结婚啦！

洁白点缀粉红的婚纱带着幸福降临的羞涩，深色礼服意喻庄重与承诺，新飞飞为玩家精心准备的新婚套装吹响婚礼的前奏，圣洁美丽的新娘，帅气潇洒的新郎，手牵手奔向教堂。

七彩缀成的灯饰花廊，炫目的气球在空中飘扬，高高耸立的教堂礼乐钟声回荡，手捧誓约书微笑站在门口的教堂神甫，宛若迎接新飞飞狂欢的节日到来，瑞加王城最大的教堂早早打开大门，全都是为了你们而隆重准备。 冲天的礼花，蔓延的焰火，跳跃的音符奏响激情欢快的婚礼进行曲，婚礼开始了！

"咳咳，我宣布，这对恋人在此结为连理……"嘘！让我们保持安静，听听司仪讲述这对佳侣相遇相知相恋的过程，默默祝福他们吧！

焰火晚会登场啰，无尽焰火点燃天空，金银黄绿姹紫嫣红，绚烂夺目。每个人都梦想和恋人一起守望一场只为自己绽放的焰火雨，再闪耀的烟花也比不上当主角的你和TA！当鹊桥经验雨哗啦啦啦降下时，源源不断的经验流入站在教堂边的宾客口袋，所有人都沉浸在喜悦的时刻之中。巨型航空花艇停靠在教堂后空港，新娘新郎及所有宾客登上豪华空艇，在瑞加王城上空缓缓巡游，俯瞰风景，享受全城人民的欢呼与祝贺，空中婚礼梦幻而又浪漫，而所有在空艇上的宾客将不断得到经验，为这场盛会划下完美的句点！

2010，当春节遇上情人节，正是喜庆与爱情的结合，当遇上心爱的TA，就让我们在新飞飞里结为一对吧！

翠部の飞飞漫画馆

极品厨师

招聘启事

飞客茶餐厅
即将开业

现诚聘茶餐厅服务员若干名！

TEL:136xxxxxxxx

这是我们新来的厨师，除了厨艺好，还有其他的用处哦！

没电的时候她可以用电系法术给我们发电！
没火的时候可以用火系法术给我们生火！
夏天可以用冰系法术给我们除去炎热！

大家看，是不是很有用呢？

无题

大清早起来倒垃圾的DK……

薄面是什么？！

昏迷中～～～～

兄弟你怎么了？

ff.netease.com made by ·●·激
飞客部落一草之都的 MADY BY 激

美少年

大清早的不工作还给我打伤人！

扑通！

太不像样了，要是那人伤的严重就扣你工钱！

我……
食物……

哇！美少年！

嗜喽嚎～

（肚子饿的叫声。）

饿的体力不支而倒地

飞客部落一草之都的 MADY BY 激

打劫

打劫！把你们的钱全部交出来！

我来之前已经调查过了，你们这里基本都是牧师mm，是斗不过我的，哈话！

咦！人呢！？

可怜的盗贼，他还不知道我们前台的收银员MM是个会隐身的偷装刺客吧

成功劫心流！

ff.netease.com made by 源

姓名：思思
职业：牧师
职位：餐厅经理
茶餐厅股东之一

翠部の飞飞同人馆

八月十五中秋夜

在正文开始前我认为有必要来一段自我介绍。

在下是碧丝·安可，50岁女性生物一只，家住新瑞大陆花语王朝东郊小胡同里，纯正的无产阶级。

首先请不要质疑我的年龄，请相信我还属于女生的范围，出来混的都知道，新瑞大陆里的人，只要是个为人民服务的家伙，他寿终正寝的年龄绝对不会小于200岁，所以我还是个女生。

另外，要知道我绝对是个天才，因为我在25岁刚从神学院学成准备归家之际，就已经有家族来邀请我加入了，这样的机会是很少有的，基本上可以说没有。

请不要不相信我，来看看我的眼睛，你觉得这像是说谎吗？

……好吧其实我知道它很像，我说实话就是了，请不要揍我。

那届学院毕业的学生差不多在第一个学期的时候就已经被很多家族给预定了，所以像我这样毕业才找到工作的守护实在算不上什么天才，可好歹我也被预定了不是？

……那么至少不能算蠢蛋吧？

哦，对了，顺带一提，我们的家族名字非常的傻，人也很傻。

"你上段介绍是什么意思？"副族长曼莎·伊丽莎白这样问我，她双手叉腰，感觉上已经处于爆发的边缘，于是我很无辜的眨着眼睛，双手背过去踢开脚下的小石子，"人家没说什么呀。"

【副族长惩罚之铁拳】没有意外的迎上了我的脑门，举着厚厚一本族规的曼莎姑娘对着我跳脚大喊，"什么叫做'我们家族的名字非常的傻，人也很傻'？你是找打吗？"

说是族长不如说是和事老的海伦·拜尔站了出来，一把抢下了比新瑞词典还要厚上几分的

族规，挡在我身前严肃道："你不已经打她了么，碧丝是女孩子，你就让她一下吧。"

听到这句话，我感动得热泪盈眶，这是多么好的一族长啊，多么为族员着想啊，没想到事隔那么多年后，我居然还能找到帮我说话的人。

在我感叹期间族长好像又想起了什么，一拍脑门"哦对了你也是女的，那你下次注意点，别打她头了，本来病就已经很严重了，你不要再给我加深她的病，我们家族可不是神经病院的分院。"

这句话打消了我内心对族长滔滔不绝的感动和曼莎一肚子的怒火。

在我泪奔而出的同时，我听见曼莎赞叹的对着族长说道，"还是你牛啊！"

我总有一天一定让你俩当不成族长和副族长……在500年之后。

隔天就算心不甘情不愿的我也依然准时回到了家族总部。

挂好了我珍爱异常的桃红色小披风，我看见坐在对面很认真擦着桌子的富兰克·杰霖用着极快的速度冲了过来。

"你……你你……"长得还算是不错的小伙子伸出手指着我半天都说不出一句完整的话来。

我伸手抚平了衣服上因为匆忙产生的褶皱，又抬头看了看依然说不出完整话来的同伴"你到底想说啥？"

他继续使用最快的速度把我的披风给挂到了旁边的衣架上，我才猛然反应过来这家伙是个洁癖症患者。

于是很无奈地走到座位上，看着蓝发的小伙子很热情地擦着窗户边的木桌，我的嘴角不受我控制的开始一抽一抽，尤其是当我看见了会议室黑板上写着的字的时候。

为人民服务家族第十三届中秋团圆杯即将启动，希望各位代表能踊跃发言。

这句话在我还未站起身来的时候就已经被狂暴化的魅音给擦了个一干二净。

"明明就不过是个家族聚会＋新成员加入的欢迎会，为什么会写出这么莫名其妙的标语来？"坐在我身边的绿发少女很豪爽地拍干净了手上的粉笔灰，虽然此举刺

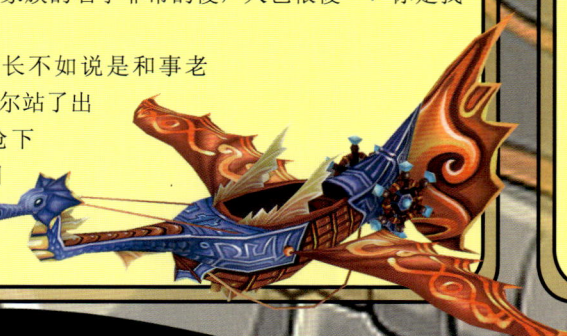

激到了严重洁癖症患者的蓝发小伙，但她还是装作没看见继续吐槽。

"只在八月十五收新人加入到底是个什么样诡异的族规啊？"

直到参加了家族的第十三届聚会，我才正确地认识到，精神病院一定给了我们家族非常大的一笔钱，所以说是聚会的节日才会变成精神病人的入会通知日。

摩尼亚是这次入会的新人之一。
家住为人民服务家族本部的第 50 床……不…不……更正，是本部的第 50 间房。
此人年龄未知，虽然他有说自己 25 岁，但依据此人平常的表现，家族上下一致表示不相信。
不得不说摩尼亚真的是家族众人的噩梦——尤其是对于留守本部的成员来说。
家族清晨 6 点起就是任务的领取时间，虽然开放得这么早，但一般不到 12 点是绝对不会有人来翻阅任务清单。那些"不到 11 点不起床"党的嗜好就是在本部大鱼大肉的吃着，然后在餐厅一边打扑克一边吃午饭的中途加个额外的抽签小活动。
你要问这抽的是什么签？
废话，那当然是【今次谁去出任务大猜测】。

这一点让族长和副族长愁白了发却又不肯染回。
"天知道染回之后会不会继续愁白，这群蛀虫浪费的钱已经够多了我绝对要省着用啊。"

某天早上我兴致很好的回本部转了一圈，本想着等到 11 点到餐厅与那党人联络联络感情也顺带充实一下荷包，却不曾想过走到花园那头一眼就看见了族长黑顺的长发。
族长你终于舍得花钱染发了么？

这个问题在心里默默打转回旋×N次，正在犹豫要不要问的当口，族长倒是一脸兴奋的朝我走来。"碧丝真是好久不见了，难得今天天气这么好我们一起出去逛逛吧，今天你的购物资金我全包了！"
族长如何能一口气说这么多话不用喘气这事的原理是什么我懒得去想，只专心地抬头望天。
嗯？天上没下红雨……那么是在地上？
依靠平时对族长的了解，我转头盯着地面看——前边是不是又有人没道德的从飞艇或扫把上乱扔东西了

等着吧丫的，居然敢砸疯了族长，我们家族里有个正常人容易么？
不行，得把那人找回来叫它负责才行。
我打算吹哨把海豚蓝宝叫回来飞上天去找找犯罪嫌疑人，可就在拿起哨子的一瞬间，族长他一把拉住了我的手。"碧丝，我知道我平常对你不够好，但你也别这样报复我不是？精神病很难治的，而且瑞加又禁止家族将犯精神病踢出家族，所以你还是恢复过来吧，不要再用哨子召唤了，那个没用的啊。"
伸手摸摸他的额头，我坚定道："族长，我是在为了家族的长远利益打算啊，而且，谁告诉你哨子召唤不出来？你这是在看不起我吗？"
面对我皱起的眉，海伦·拜尔考虑了一下还是放弃了说是的打算，岔开了话题。
"你到底去不去？"
心里想到看上了多时却没钱买的衣服加上族长看上去正常的表情，我猛烈点头。
有得拿白不拿。
提着大包小包走出餐厅，我对着族长提出了一直想问的问题。
"傻（莎）子呢？"说这话的时候幸亏她不在身边，否则我肯定得被这位蛮傻小姐打得血溅街头。
"度假去了。"族长说这话的时候一脸平静，好像只是再说"富兰克又在擦桌子了。""洛兰还在不停的清洗他的床单。""米若打扮成小偷模样在别人的地里偷花。"一样的理所应当的口气。
这……这这……怎么可能呢？家族里资金赤字本来就是人尽皆知的秘密，现在蛮傻小姐居然去度假了？
我没听见她要嫁人的消息啊？
托腮沉思后片刻，族长再次发话，"对了，下次集体去度假吧？"他抬头看着金色退却的天空，"我们家族

好像一直都没有这样的活动。"

……………哎？！

果然应该抓住那个高空弃物的混蛋！

到再次踏入了家族本部后，我才从族长口中得知他大方和有钱的原因。

不过，我也只是明白了一点皮毛而已。

摩尼亚究竟做了什么才能让那些就知道享清福的混蛋们乖乖工作的？

跑去问刚出任务回来却没有一丝喜悦神色的族员。

"你留下来住一个晚上就明白了。"显然没有精力来狂暴化的魅音打着哈欠对我道，这家伙曾经是"不到下午三点不起床"党之一，族长最痛恨的对象……没有之一。

嗯？这位读者你想问什么？

我要打算睡觉了呀，再晚一点睡就错过皮肤再生的好时机了，要知道像我这样大龄未婚女青年不好好爱护皮肤是嫁不出去的……哎？你想问为何魅音是"不到下午三点不起床"党成员之一族长最痛恨的头号对象却是她？

这个嘛，试问，你会喜欢天天和你抬杠，不听你指示的人吗？

不喜欢对吧？族长也是。

好了，那么问题也回答完了，请这位读者在洗脸刷牙之后，上床睡觉之前先对着天空为我祈祷我能早日嫁出。

祈祷时间马马虎虎有3个小时好……哎……你不要走啊……2个小时59分如何？

……

2个小时58分

……

再考虑一下吧TvT这可关系到我的终生幸福……

隔天早上起床的气氛非常不好。

放眼望去，餐厅里没有一个人有好脸色的……

视线左转，魅音伏在桌上默默哭泣＋低喃ING

好难听……好难听啊……为什么人的声音可以难听到这种地步？

是的，你没有听错，魅音持续念叨了将近半个小时的话总的来说就是一句"好难听。"

而这个好难听的发声体，指的自然就是站在餐厅中间摩尼亚同学。

心中默默崇拜族长×N次。

他究竟是去哪里找的这个人才？唱歌难听的不在少数，但能把歌唱得这么难听的人我认为也绝对不多。

而且这厮的歌难听度还随着歌曲的更换递增。

对了，说他是人才并不单指他的歌声很难听，还有一个主要原因在于这厮的能力。

不得不提，太TM变态了，我估计翻遍整个瑞加大陆，你也很难再找出一个如此变态的能力了。

【畅通无阻】这么个让人有很多联想词是他一个人创造的魔法，作用是让他的歌声无法被任何东西阻挡，注意哦，是任何东西……就算你用了最高级的隔音魔法也没办法阻挡他的歌声。再来也还有一个原因，隔音魔法其实也并非如果你肯好好练且认真钻研的话，是绝对不会像这样一点用都没有。

可惜，在学院的时候本来就很少人学习这门魔法，就更不要提认真钻研了。

这个血的例子提醒我们，各位读者同学，千万不要偏科！

等等，我好像听见还有读者再说"那从现在开始学不就好了？"诸如这样的话。

咳咳……同学们，你要知道，你在进步的时候别人也在进步，除非对方停下来等你，但你认为那个唱歌唱得很欢的家伙会给你机会吗？

答案是否定的。

所以说人生就只有这么一次选择的机会啊，各位读者可要好好把握。

每件事情都有两面性。

而对于摩尼亚穿耳的歌曲喜欢的人也大有人在。

例如说渴望早起洁癖男富兰克和嗜好为洗床单的洛兰同学以及想要早起偷花的米若。

当然最喜欢人还是要属族长以及副族长了。

"多亏了摩尼亚，我们家族的赤字情况终于可以改变了。"

副族长度假未归中，所以这一次是由族长检查任务的分配状况。

随意扫了一眼记录本，发现

连续的长期任务已经被拿空，我抬头看着窗户外边正在给花浇水且唱歌唱得正欢的摩尼亚。

——恭喜这位亲爱的同学你成为了"为人民服务"必不可少的族员之一，相信有你的存在我们的家族将会变得更加美好。同时，在心里对居住于家族本部的同学们表示默哀，请相信我的精神会与你们同在。

这次任务积极风潮最后随着副族长度假回归而落下了帷幕。

族长在大家处于崩溃边缘的时候提出了一个人性化的建议。

"只要你们肯按时起床热情领取任务，我就用【魔影重重】来替你们阻挡摩尼亚的歌声。"

【魔影重重】创造者是"为人民服务"家族长独立研制的（无意义）魔法之一，在海伦·拜尔渡过的130年里，只在今次发挥了用处。

在众人各退一步的基础下，家族开始了更美好的发展。

摩尼亚每天依旧欢快的唱着歌，练习着他的绝技。族长也依然在每天坚持不懈的继续与摩尼亚一同修炼他的绝技。

照这样下去如果再有什么家族战争我们赢的把握绝对不小。

说到家族战争，就有一个人不得不提了。

——夏洛·李

这个姓氏为单字的姑娘今年已经有100岁，平时常出现在家族总部各个区域，嗜好为找男人而作任务，曾经是家族财力的重要来源之一。再加上这个姑娘她当年是以最好的成绩从学院毕业，于是顺利应当的就成为了家族战争主力成员……没有之一。

以上种种状况表明，这个元老姑娘的属性全部都是族长喜爱的……当然找男人这一项除外。

好吧，以上内容均不是重点，真正的重点在于——这个元老姑娘她已经连续三天看不见人影了。扭过头往族长的办公桌看去，海伦·拜尔同学正在热切地翻动任务记录本。

"没有……没有……夏洛她没有接任务啊！！！！！"——处于担心抓狂中的族长同学。

"我们家族里多么宝贵一人才，绝对不能就这样没了踪影啊！！"——傻到让人不想认识的族长同学。

"不行，家族想要幸福的发展下去就不能没有她，我贴寻人启事去！"——忘了信蜂存在的族长同学。

就在这时，摩尼亚推开办公室的门踏了进来，将劳动工具往地上放好之后他顺手捡起了掉落在地板上的寻人启事。

"哎，这不是今天早上看见的那个人吗？"

地球是圆的，所以你常能在这里或者那里碰上这样或那样的人。

对不起我说了病句，请看在我思维混乱的地步上原谅我吧，拜托了。这年头出来打份工不容易，你可千万不要去导演那投诉我。

眼神坚毅中包含着柔弱的泪，女子身着华丽的长裙看着站在对面的男子。

赤色的长发在沉默的气氛中飞扬，她微微低下了头，语气是令人心碎的悲伤。

"你真的不要我了吗？真的不打算再考虑一下了吗？"

在族长同样心碎而悲伤的眼神里，男子重重地点了点头，于是他留下了一辈子都难以抹灭的阴影——女子不愧是家族的主力成员，召唤的速度可真不是盖的。

红宝石发出的光彩，绚丽夺目让人惊叹，随手一挥就散落了满地的光辉。

但我相信那位男子此刻心中想的绝对不是"真美！"这样的词语。

啥？你问我为什么。

——任何人被这么危险的玩意指着脑门都不会先赞叹它的美吧，这位读者你要知道这世界上最重要的是人的命啊！

少女悲痛欲绝，一字一顿颤抖地吐露了潜藏在内心已久的话。"不和我在一起……你就去死吧！"

这位姑娘你就看在生命太短太脆弱的份上，饶了我吧。

神使杀害普通人这样的罪我们家族真的犯不起啊。

所以请你安静下来，牵着我的手回家吧，难得一次中秋节就不要再演一次去年摩尼亚那斯发现出走逼婚的你同样的戏码了……族长他真的老了呀……

最终我抢在族长之前抓住了发狂中的姑娘，使用了【镇定系】魔法让她安静下来。

天蓝如海，月色撩人。

我与族长漫步在回本部的落上，身后还拖着一赤发的美丽姑娘。

想到晚上又是一年一度的中秋，心里不禁泪流满面。

今年又会有什么样的神经病加入呢？

中秋之月饼の私奔之夜

写在前面的废话

又是一年中秋，瑞加王城被一种称为温馨的气氛笼罩着，初秋的微风不似夏天的炎热，带着丝丝凉意吹拂过境，夏天繁荣的香樟树还带着夏日阳光的味道，逐渐红了叶子，红透的树叶被风吹着吹着，纷纷扬扬的飘落，铺满了人们归家的路，鲜艳如毯。码头上，在外漂泊了一整年的人儿纷纷从远方归来，与家人团聚……

位于紫罗兰大街的杂货商店里来来往往的人络绎不绝，杂货店老板是位可爱的小姑娘：欢迎光临，罗莎小店，满足你的需要哦～"

我是时光穿梭机！biubiu～

这里是阳光明媚的帕里小镇，食品店老板最小的女儿罗莎奶声奶气的声音不知疲惫的回荡在帕里小镇上空"欢迎光临帕里第一的罗莎美食店，请在这里挑选你所喜欢的食物。"

时光穿梭机！biubiu~~

公元2008年10月，帕里、晨光、达肯的居民集体移居至瑞加大陆，开始崭新的生活，应大众需要，罗莎家的食品店开始供不应求，于是罗莎家的食品店扩建成了一家杂货店，经营各种食品、药物、衣物的买卖。并且迅速的发展至全瑞加，无论在瑞加的那个大陆，都能看到罗莎家的杂货店的影子。

岁月如梭，此时，我们的罗莎loli也已经长大成人，人称闭月羞花沉鱼落雁赛西施（嗯，其实就是一女强人）

【废话完结】

biu~跟着我回到现在~~

话说中秋节即将来临，罗莎怎能放过如此赚钱的好机会，罗莎看中了人们生活的日益富裕，开始琢磨着做一些创新的中秋月饼，从月饼本身的内容，到外在包装，罗莎查费苦心，亲自操刀，闭关修炼。（？我惊悚了）终于……在中秋节到来之前，推出一系列新式月饼，华丽的包装，诱人的月饼，鱼翅馅的、松露馅的、燕窝花馅的，极尽奢华的用料刺激着人们的视觉味觉，我们的罗莎小姐数钱数的不亦乐乎。

"今年的月饼您一定会喜欢的~~"罗莎一边跟客人聊着天，一边手脚麻利地包装着月饼礼盒。

这时，某角落里一个不起眼的木质盒子悄悄地被打开了，一双黑豆豆般的小眼睛露了出来，上下左右地张望着，接着，一只胖胖的小手露了出来，然后是胖胖的小脚，最后，是一个圆溜溜的身体，手脚并用地爬出盒子，并且以迅雷不及掩耳之势窜到正在与客人交谈的罗莎的脚下，黑豆眼叽里咕噜的转着，胖墩墩的身体摇摇晃晃着，小短手偷偷摸摸的揪着罗莎的长裙哼哧哼哧地往上爬。

罗莎感到有什么东西正拉着自己的裙子，低头一看，不禁吓了一跳，惊吓过后罗莎不动声色的偷瞄着团团，心里琢磨着这小家伙到底想干嘛。

小月饼团团卖力的爬啊爬啊爬"嘿咻嘿咻"，终于让她看到了摆在对她来说如同喜马拉雅山一样高的桌子上那个漂亮的月饼盒子，黑豆眼中霎时闪现出万丈光芒（请各位自动联想懒羊羊看到青草时的目光）趁着罗莎与客人不注意，迅速地推开盒子，手脚并用的想要钻进去，可惜啊，当她以为她就要成功的时候，罗莎轻轻揪着她的一条腿，把她拉了出来，并藏到衣兜内，小团团那个郁闷，从罗莎衣兜里冒出豆豆眼，望着桌上华丽的月饼盒子心情无比纠结，她仿佛看到那盒子在对她摆手再见……团团心里画着圈圈："臭罗莎，团团也想被包到漂漂的盒子里被人们买去呢，你这个坏蛋，画个圈圈诅咒你！！"

作者语：我们可爱的团团是只豆沙馅的月饼，嗯……由于罗莎豪华的新式月饼强力上市，人们便从传统的豆沙馅转移了目标，我们的团团成滞销团啦……

团团越想越委屈，看着店里放在醒目位置的鱼翅燕窝月饼，小眼睛凶恶惊现，愤恨的团团对着那些高高在上拿鼻子看月饼的月饼露出小虎牙"吼~~咋的，瞧不起俺~俺咬死你！！画个圈圈诅咒你"可惜，人月饼不理她，头

骄傲地抬着，蔑视着角落里的团团：小豆沙，咱不是一个等级上的，哎~介就素人生撒……

当夜，心有不甘的团团召集了个大月饼，有椰蓉的、五仁的、枣泥的……齐聚一堂，一大帮子月饼坐在团团的小屋子——老旧的木质盒子里开大会。

团团：他们太可恶了！狗眼看人低啊！！（团团，说脏话是不对的）

五仁：就是啊……客人都被他们吸引去了，我们每人要了都TT。

团团：哎~我有怨念，我也要被包装得美美的被人带回家啊。（气愤的团团啊，你要淡定）

椰蓉：作为一个月饼，最幸福的时刻就是在中秋之夜，被人们幸福地吃下！难道我们就这么等过期变质，然后凄惨地死去么？

众月饼哭成一团……

五仁：呜~~~那怎么办啊，我们总不能造反吧？（五仁抹泪）

枣泥：嗯……我们要造反么。（一直沉默的枣泥兄语出惊人）

团团：五仁、椰蓉：good job！

众月饼一扑而上压倒枣泥，你捏捏，我亲亲~真是和谐的一家啊~

月黑风高之夜，团团等众月饼眼睁睁地望着罗莎补齐第二天的货物，然后走到团团跟前："团团，乖乖的，不要乱跑，我盯着你呢！"说着两指指自己的眼睛，然后在团团面前晃晃，可怜我们单纯的团团差点露馅，还好五仁、椰蓉等人在背后偷偷的掐着"哈……哈……怎…怎么会呢……"罗莎不再理她，转身拉了灯，到后屋睡觉去了。

众月饼行动一致地望着罗莎的背影，默数着罗莎进入梦乡的时间……"滴答滴答"小店墙上的老钟的声音在安静的夜晚格外清晰，终于在团团一声低喊"闪！"后，一拉排月饼出逃了，由团团领头，枣泥断后的出逃队伍鬼鬼祟祟的出动了！跳出木盒子，四小月饼合力推开杂货店的门，一个个跳了出去。

中秋未至，月亮却已经满成一圆，静逸的透过窗户，洒满了地，微弱的光线下，四个小小圆圆的影子很快闪过，又消失了，沉浸在出逃顺利成功喜悦中的四小月饼没有发现，门内阴影中，有一个人影，对着四小月饼远去的身影"扑哧"一笑，双手抱肩，边笑边摇头……

深夜王城没有了白日里的繁华喧闹，人们早已进入了梦乡，路上只有三三两两夜归的人，打更人敲着小锣，渐渐远去。四小月饼贼头贼脑的走在屋檐下的阴影里。

"快走快走，在不快点就天亮啦！"

"嘘~~安静点，你怕人不知道我们出逃么。"

"GOGOGO！月饼向前冲！"

"啊丫！谁绊我"

…………

窸窸窣窣的声响静了下来，四小月饼以一种乌龟爬的速度居然也在天亮前溜出了城门。出了城门的小月饼们顿时松了口气，四双小眼睛顿时无限感动的望着城外的风景，心情万分激动的开始了他们私奔之旅……

"走~走~走走走~我们小手拉小手~一同去郊游~"

"美好的明天啊~~噢~~~"

四小月饼一路走，一路唱，那歌咋唱来的？

豆沙馅、五仁馅、椰蓉馅

枣泥馅、很多馅，

别看我只是一只月饼

中秋因为我变得更香

天空因为我变得更蓝

月亮因为我变得圆圆

别看我只是一只月饼

月饼的聪明难以想象

天再高心情一样奔放每天都追赶月亮

有什么难题去牵绊我都不会去心伤

有什么危险在我面前也不会去慌乱

就算有罗莎把我追捕

也当作游戏一场

在什么时间都爱开心 笑容都会飞翔

就算会摔倒站得起来 永远不会沮丧

在所有天气

拥有叫人大笑的力量

虽然我只是月饼

四小月饼惊天地泣鬼神的神歌回荡在王城外的小道上，一个个开心的像吃了蜜一样。

"月饼儿！俺的娘诶！介不四月饼儿嘛！老子浩久咩切到月饼儿鸟！"平地一声雷！一个猥琐的带着口水"哗啦啦"的声音蓦然响起，四小月饼的戛然而止，头僵硬的一点点转向路边，OMG那是啥！四小月饼顿时被雷得外焦里嫩香喷喷。小月饼们眼前的这位可以被称为猥琐大叔?的男人浑身污擦嘛黑，身上的衣服破能让月饼误以为是把抹布挂在身上（团团有话说："说抹布太抬举他了！你会用又油又黑的抹布擦桌子么？"某呆："好吧……我不会……"正当小月饼们被雷P的说不出

话的时候，一只污黑油腻的猪手伸向了我们可爱的团团，四月饼中最冷静的枣泥猛然回过神，赶忙拉了团团往后退去。

"萧月饼儿，来咩，速速好就么切月饼儿来，快来俺轷子里行！"说着贼笑着这像小月饼伸出魔抓。

四小月饼这时都从被雷P的状态中醒了过来，顿时大惊失色，不知是谁喊了声"跑！"四小月饼顿时全体撒了腿狂奔！

"憨泡啊！俺滴小月饼儿~~~"猥琐大叔不甘心到嘴的月饼就这么跑了，也撒开腿追了上去，哎~~别看我们四小月饼月饼小腿短，这逃起命来那也是贼溜溜的！

可怜的乞丐大叔饿了那么久，怎么会是四小月饼的对手呢？狂奔之下，一阵狂风吹过~"呼~~~~"猥琐大叔身上的抹布以一种极其扭曲的形态开始分裂，"咻"风儿那个吹，猥琐大叔的抹布衣服终于抵挡不住风儿的诱惑，追随者风儿妹妹而去……我们的猥琐大叔光荣的裸奔了……

四小月饼又一次被雷的外焦里嫩香脆酥口。

"嘿咻……嘿咻……"

"我……我们还要跑到什么时候啊，我……我跑不动了呀。"

当四小月饼甩开猥琐大叔跑了老远再停下来，却发现他们来到了一个陌生的地方（虽然对于他们，熟悉的地方只有罗莎杂货店而已）。"

"我们……是不是，额，跑错地方了？"（某团呆滞ing~）

"团团，这里好阴森哦~"（椰容颤抖ing~~）

"看来，这里就是传说中的太古草原了。"（老谋深算的枣泥摸下巴ing~某呆语：你确定你是个月饼？）

四小月饼像好奇宝宝一样东张西望，这摸摸那瞅瞅的……

"你们看~好漂亮的蘑菇哦~~"不知是哪只小月饼惊呼出声，其他三小月饼顿时被吸引了过去，被新奇事物所魅惑的四小月饼似乎忘记他们刚刚乞丐口脱险，一个个笑得跟小花一样灿烂……

"你们看，还有荧光呢……"团团边回头对着同伴们呼喊着，边往前走，很呆很强大的团团光顾着回头招呼小月饼们却无视了脚下的大地直到枣泥"团团……当心……脚下……"的音落下，傻团这才回过头来，后知后觉的她终于发现了脚下的异样，却已经为时已晚……逐渐的，团团脚下松软的泥土开始塌陷"啊啊……这是什么啊？我的脚咋不见了……我的脚呢！！"（某呆语：团团，你的脚只是陷在烂泥里，没有不见）"这好像是草泽吧……你别紧张啊，越紧张陷的越快啊，你放松，我们想办法……"果然是强大的枣泥大人，只是渊博，无所不知，所向披靡啊！

眼看团团豆豆一点点从绿豆大小瞪成了红豆大小，神奇的枣泥大人不知从哪里找来一根树枝（某呆语：树枝……咳，能承载的了的小胖团？"众小月饼鄙视）

"团团……快拉住……""xiu"的，这根弱弱的救命稻草被团团死命地揪住！开啥玩笑，人家还没被幸福的吃掉诶！怎么能就此献身草泽呢？

"1，2，3。拉啊~~~"

团团揪着看上去可能随时断掉的树枝，心里万分哀怨地想着，为啥我要私奔呢，人家私奔都过着幸福美满的生活，为啥我又是怪大叔，又是深陷草泽啊！我不要啊~~

"咔嚓"脆弱的救命稻草终究抵挡不住四只肥奔月饼的力量，发出很轻微的咔嚓声，四小月饼顿时石化……不敢在使一点力气……

"哇~~我不要死啊……我不要死在这里啦，我要回杂货店就算让我这辈子在罗莎那坏人手里发霉变质我也不要呆在这个鸟不拉屎鸡不生蛋的破地方啦。我，要，回，家！！呜呜呜……"

被吓得不轻的团团终于爆发了，哭天喊地的动静惊起草原上一片乌鸦"哇哇"飞过，也正因为这么一用力，可怜的团团就这么一毫米、一毫米的往下掉，顾不了那么多的团团越哭越大声，旁边的三小月饼分别成-0-、囧、-_、-的表情石化。

"哦？这是你说的哦，跟我回杂货店的话，我就勉为其难的救你上来，并被带你洗干净哦。啧，这么臭，谁要你……"平地一声雷，对于此时的团团来说，确实犹如天籁之音，那还敢讨价还价，愣是差点把头给点下来，于是……我们可爱的罗莎小姐顺利的带回了浑身臭的跟猥琐大叔有的一拼的团团，跟被雷的外焦里黑的三小月饼回家咯……四小月饼的私奔计划宣告失败，出走事件神奇的未满24小时……

被带回杂货店的四小月饼被关禁闭了，他们刚回神，就发现被关在一个污漆嘛黑的房子里。

"傻团，如果不是你强大的好奇心，我们早就私奔成功了！"

"啊，其实呆在这里也不错啦，五仁你需要淡定……淡定……"

"嘘……有人来了，安静……"

"……"挥拳的某月饼

"罗莎小姐，请给我来一份传统月饼礼盒！"

四小月饼面面相觑，然后，是一阵摇晃，好奇心促使着他们推开盒子，从小缝里，四双豆豆眼看到了一个笑如春风并且十分和谐的中年大叔……并且，他们发现他们居然呆在一个漂亮的檀香木盒子里，被带出杂货店的一刹那，团团看见罗莎对着她眨了眨眼，笑靥如花的脸逐渐消失在傻瓜团团的视线里。

喜羊羊与灰太狼
中秋特别版

月亮惹的祸

羊历365年八月十五日中秋.羊村。

操场上，一群小羊们正在开心的踢足球。

喜羊羊兴冲冲跑边跑边说："今天是中秋，听说今天晚上村长要给我们发月饼，好象还有羊村大联欢呢！"

"真的？"一群羊不约而同地停下了。

"又有吃的了？"边上睡觉的懒羊羊"噌"的坐了起来。

"哼，一有吃的你就来劲了……"沸羊羊瞪了懒羊羊一眼。

"村长说好孩子要能吃能睡才健康！"懒羊羊振振有辞。

"真不愧是'懒'羊羊，哈哈……"

圆圆的月亮高挂树梢.羊村外。

一个黑影蹑手蹑脚的利用树和草的掩护悄悄的挨近了羊村门口。

"亲爱的小肥羊们，我来了！"原来是可恶的灰太狼，看来，他又想打小羊们的坏主意了。

"今天中秋，小羊们怎么这么安静？"灰太狼感觉有点不寻常。

"灰太狼先生，你是来给我们送月饼的吗？"铁门里面闪过一张可爱的贼笑着的脸。

"啊！可恶的喜羊羊，本大王抓到你以后肯定第一个吃了你！"吃过喜羊羊N次苦头的灰太狼恨恨的说。

"好啊灰太狼先生，不过今天是中秋节，先吃个月饼再来抓我们吧！"喜羊羊说着从门缝里丢给灰太狼一个黑乎乎的东西。

"喜羊羊，你有这么好心，那等本大王吃饱了可以考虑最后一个吃你哦！"

"灰太狼先生，谢谢了，再见咯！"喜羊羊的脸上露出了邪恶的笑。

"啊……不……"灰太狼这时发现已经晚了，因为那不是月饼，而是一颗炸弹。

"可恶的喜羊羊，我不会放过你的！"半空中传来灰太狼气极败坏的声音。

狼堡。

"抓羊怎么还没回来，不会又去偷懒了吧！看他回来我怎么收拾他！"红太狼拎着平底锅看着烧着的水。

"扑通"半空中一个不明飞行物撞破了狼堡的房顶一头栽进了正在烧水的大锅里。

"哎哟，烫死我了！老婆，我回来了."灰太狼湿漉漉的从锅里手脚并用的爬了出来。

"羊呢？你捉的羊呢？"红太狼忍着怒火.

"老婆，就差一点我就捉到羊了，都怪可恶的喜羊羊。"灰太狼满脸委屈。

"啪！"一只平底锅飞了过来……

"每次都说差一点点！自从嫁给你我连羊肉汤都没喝到过，早知道这样我还不如嫁给小白狼算了，天天有肉吃！"红太狼发火了。

"老婆，你别担心，今天中秋，小羊们晚上肯定会放松警惕的，到时候我全捉回来给你吃！你先去睡一觉，等你睡醒就有羊肉吃了。"看到老婆生气了，灰太狼赶紧哄。

"那好吧！别忘了，把月饼也拿出来，捉到羊回来后我们一起赏月……"红太狼气消了些慢悠悠的回房去了。

"先看看小羊们在干什么再说。"说着灰太狼拿着望远镜走到了狼堡天台上。

"刚才灰太狼来了，我送了他一颗炸弹把他送回狼堡了。"喜羊羊正在向村长慢羊羊报告。

"晚上不知道灰太狼会不会又来捣乱。"沸羊羊说。

"那我们的羊村大联欢不举办了吗？"美羊羊有点遗憾。

"不管，有月饼吃就行了！"懒羊羊依然我行我素。

"村长，大家都别怕。今天中秋，晚上跟白天没什么区别，只要灰太狼一出现我们就会发现的！刚才我就是这么发现的！"喜羊羊说。

"对！今天晚上大家玩的时候提高点警惕就行了，现在大家开始准备吧！"村长慢羊羊发话了。

"原来是月亮惹的祸！怎么办呢？要是让月亮不出现就好了。"灰太狼恍然大悟。

"对了，有了！"灰太狼转身进了实验室。不一会儿，灰太狼手里多了个扫把一样的东西，连着一个大口袋。

"本世纪最伟大的发明家灰太狼又有新的发明了！灰太狼牌强力吸吸袋开工！"

灰太狼把扫把头对准了天空。强烈的气流形成了一个气流旋涡，月亮、星星天空中所有的发光的东西全被卷吸进了吸吸袋里，天空顿时变暗。

灰太狼趁着月黑风高再次潜入羊村，顺利的把小羊捉进了狼堡。

"老公，你真棒！我们这次终于可以吃到羊肉了！"红太狼很开心。

"老婆，我把火弄大点，你把月饼拿出来吧！"灰太狼摇着尾巴说。

红太狼哼着小曲儿去了。

"喜羊羊，快想想办法啊，我可不想给灰太狼吃掉啊！"美羊羊吓哭了。

"就是啊，喜羊羊，你最聪明了！快想想办法吧！锅里的羊闹开了。

"喜羊羊，你还有什么遗言要说吗？不说可没机会了！本大王说了第一个吃了你。"灰太狼得意洋洋地说。

"灰太狼先生，我有个问题怕你答不上来，还是算了吧！"喜羊羊在苦苦的思考着逃脱的办法。

"有什么问题能难倒天才的灰太狼吗？我可是本世纪最伟大的狼了！"

"那你能告诉我月亮怎么不见了吗？"喜羊羊觉得肯定是灰太狼搞的鬼。

"哈哈哈哈……实话告诉你吧！他们在狼堡做客呢！"灰太狼太满意自己的杰作了。

"哼，我才不信呢！除非你让我看见我才相信！"

"那好，本大王就满足你最后的要求吧！"

灰太狼打开了袋子，可是他刚一打开，月亮和星星们就自动飞出了袋子。

"哎哟""哎哟"声连成了一片，包括刚刚回来的红太狼也遭受到了月亮和星星们的联手攻击。

重新回到岗位的月亮放出了耀眼的光华，把灰太狼和红太狼吸了进去，空中隐隐约约传来一个声音："灰太狼跟红太狼故意袭击月亮和星星，造成了无可估量的损失，现在罚其到宇宙监狱里服刑20年……"

"都是月亮惹的祸啊！可恶的喜羊羊，我一定会回来的！"

完

三國風雲

团队合作的魅力

国风云，俗称国战。和巅峰一样，都是周末活动，有大量的经验奖励和特殊的宠物卡奖励。与巅峰相比，国战的pk模式有着重大改变。

胜负判定条件，各国占领的水晶塔的资源总产量判定胜负，而不是个人的荣誉击杀。正因为如此，我们需要从另一个角度考虑团队和个人的利益关系。在保证团队(国度)利益上，尽量使个人(家族)利益最大化。

在这不想再啰嗦的写点各个职业该怎么用技能，该怎么打，巅峰已经说的够多了，现在再提这些都是废话。

壮观的国战

言归正传，作为一个家族巅峰和风云战的战略指挥，战略很明显，在保证自己国能打赢的前提下，尽量使家族的荣誉最大化。所以以下内容只以家族成员利益的角度来打这个巅峰，并使一个实力明显不如其他家族的情况下，使家族能在大型活动中，占据一个显眼的宣传地位。

作为指挥，我不得不分析之前风云战我们家族和对手的巨大荣誉差的原因。具体分析如下。三个国家的成员结构，成员pk实力，是否有组织，家族参加活动在线率，各个家族的外交关系等等。每个环节都需要认真分析。

国家成员结构：对第一环节杀怪的影响是最明显的，具体体现在成员等级的分布上，80级以下玩家多点的国家很明显杀怪是比较快的。怪物等级低，高等级玩家击杀就会快。

成员pk实力：一个国家杀怪快，先进场就能保证他的胜利么，未必。因为现在都知道要帮忙杀怪，所以总的成员活跃度的差不多的，其他国家进场慢，很有可能是高等级玩家太多，导致怪物等级高，击杀慢，在进场后，高等级玩家的优势就会显现出来，并在pvp环节以压倒性优势把 落后的资源产量扳回。

是否有组织：是人都知道组织性的家族比无组织性的家族更加具有战斗力。

家族成员参加活动在线率：突然发现我蛮坏的，之前我一直在误导其他玩家，导致他们写的攻略都按人海优势来解释三国的胜负关系，其实不然，兵不在多，在于精。

家族的外交关系：为了保证各个家族的利益，友好联盟家族一般不会特意的去互攻，这样只会两败俱伤。当友好联盟家族在其他国家的时候，就会对最终的结果产生关键性影响。

ff.163.com

开启网游飞行时代

三国风云战 地图分析

PVE图

这只是测量一个国家pve能力的地图，内容是杀怪，根本体现不出pvp的实力，但pve决定后面pvp的走势，如果真是人力有限，那也要保证尽量不要落后太多，落后太多，即使后面pvp再努力也很难扳回。

协作杀怪是共识，但也不一定要非要协作杀怪。协作杀怪，只是对pve较弱的国家有用，整体pvp实力优势明显的国家，不需要协作杀怪，为了家族利益，适当拖时间也就成了一种战略性考虑。

9：13北辰，精灵国度就出现了一场小风波，有些人看不明白，因为有人烧复活点，导致我家族人起不来，其实我本来就打算拖精灵的时间，有人烧复活点正好给了我一个借口，一家族人开到复活点，连续烧了3关。最后进场的时候花语已经领先精灵6000多。落后的资源量的预计之中，还没超过我的落后底线。

PVP图

并非一无是处，之所以会出现之前一个国家压倒性获胜，原因是之前地图设计有缺陷，很容易出现围安全区的现象，围安全区需要的是人多，即人海战术。被围国家的成员一看被围，活动的积极性就会明显降低，恶性循环，导致最后落败。

现在的地图解决了围安全区的问题，并在安全区外面给予一定的保护区（靠防御塔维持）。只要能有人站在安全区外面活动，其他人就会跟着站出来，只要迈出了第一步，这样就步入一个良性循环。

虽然我所在家族和同国度的家族有竞争，但我始终不相信竞争家族的荣誉会是我们的2倍，唯一能解释的就是他们的荣誉都是围安全区烧出来的，就像北辰座著名的大手，巅峰围安全区一样。现在解决了围安全区问题，我更加不会在意那点荣誉，只要我们能有再多一点人参加三国风云，那个家族第一我还是有信心去争取的。

地图分析重点，水晶塔的分布，水晶塔分布为四部分，而不是通常说的3部分，三个国家有各自的水晶塔，中间还有个王者水晶。好像王者水晶的产量是其他的2倍还是3倍，所以要想获胜，不是保证自己的水晶塔被打去多少，而是要占领中间的王者水晶。只要占领王者水晶，就能以2倍其他国家产量的速度增加资源，即使后进场3分钟都很容易扳回资源劣势，3分钟相当于慢

杀2波怪多点。

所以，进场后直接去进攻领先国家的水晶塔是相当不明智的，对方复活点近，再怎么攻后续跟不上也还是会被压回来。

唯一可行的方案是全力占领中间的王者水晶，王者水晶处于地图中间，复活点一样，只要全力占领，占领不算太难。劣势要靠时间来扳回，落后点资源，只要我这有组织，根本不担心那些资源劣势。剩下的时间轻松扳回。9：13北辰的风云战，精灵国度落后花语6000多资源进场，最后还是领先优势获胜。需要注意的是 北辰的精灵实力并不是压倒性的。从这点也能看出组织性家族在大团队作战中扮演的重要角色。

现在每个国家的复活点安全区都有炮台把守，进攻其他国家水晶塔越来越显得不明智，日后的风云，中间的王者水晶是主战场，王者水晶，顾名思义，得者得天下。我也不想看到就我一个人认识到这一点，就我带着一批人把王者水晶占领下来，然后就是没悬念的获胜，那样三国就太没意思了，一点挑战都没。

战前准备

16整点的时候参战成员就应该悉数报道，并开始组织。具体组织内容，组队的成员分配，总的战略部署交代清楚，等等。

pve战略

协作需不需要，该不该拖本国时间按情况而定。广大玩家也不需要用鄙视的目光来看我。风云到18：30才结束，又不是收集到多少资源就自动结束活动的类型。所以拖点时间不算什么。

pvp战略

王者水晶是重点，这点希望大家都清楚。但其他国家的水晶塔就不需要打了么，也不一定是，按家族联盟关系适当作出选择。

团队活动是指挥的艺术。有些东西关系到家族机密。所以在此不便详细说明。但还是欢迎其他家族高管来北辰座永恒记忆参观学习。让你感受团队合作的魅力。

大话新飞

大话新飞之《情圣》

大话新飞之《完美工会》

大话新飞之番外《都是墨镜惹的祸》

米鸡物语

四只米鸡聚会，突然发现有只米鸡小了一号。

只听"嗖"的一声，又一只米鸡缩水了，缩得更小了。

"嗖"的一声，迷你版米鸡诞生了有人笑得可开心了。

凌凌猪牌缩小缩小射线让你体验世界变大的感觉。

新飞漫漫看 http://ff.163.com/

快，快跑

 快，快！
 快，快！
 快，快去采购！
 快，快去拦截！

生日礼物

 老婆，今天我生日，你送我什么呀？
 和去年一样啊！
 和前年一样啊！去年送的什么啊？
 前年送啥了？ 前年啥都没送！

女色狼的悲哀

 听说你遇到女色狼，在哪，让我看看啥样。
 听说你遇到女色狼，在哪，让我看看啥样。
 帅哥不错，打个招呼吸引下他！
 来！帅哥，给美女亲一下！ 你你你……想干嘛？
 早知道听妈妈的话~小就应该刷牙！

水果"黄瓜"

 不知道小区附近是不是有卖菜的，最近BF爱上吃黄瓜了！
 这儿有买菜的吗？ 现在没了，都几点了？
 嗯~有！白天就在我旁边。
 哦！谢谢。你在这儿卖水果？ 对！
 姑娘，黄瓜还是水果…… 那给我来点黄瓜！

23 http://ff.163.com/

新飞漫漫看 http://ff.163.com/

看医生

生活日记《拔牙》

广告语

我和老婆的爆笑生活

技能书的作用

质量和数量

如此之爱

极品攻略

新飞漫漫看
http://ff.1??.com/

爱过，流星

林雪又看到了他，那个让她魂牵梦绕的男孩——无为。

面前的人群熙熙攘攘，一切又显得那么不真实，只是因为林雪眼前的这个带着熟悉微笑的人，林雪不由的轻喊："是无为么？"

无为今天很开心，自己帮里的一对有情人终成眷属了。作为行会的会长，当然要好好的牵头庆祝一下。也不由得感叹，自己从北服来到黑服已经有两年的时间了，时间过得好快，自己是不是已经老了呢？摇了摇头，笑容重新挂到了脸上，决定去开新娘子的玩笑。

"是无为么？"

无为心弦不由得一动。

是那种熟悉的声音，那条折断的琴弦。

目光扫过，定格在那条鹅黄色的长裙。是林雪，躲避了两年的林雪。

二人四目相对，目光穿过时空，一切又回到了三年前。

林雪第一次看到无为的时候是在蘑菇那儿，那时候二人都在抢蘑菇升级，林雪反应不如无为快，每次刷到自己身边的怪头会被一个吹着口哨的小子抢去，抢几次也就罢了，可是那个讨厌的小子好像就认定了只有林雪身边才会有怪似的，一抢就不走了。气得林雪在原地直跺脚。

无为第一次见到林雪的时候，当时自己一个网吧的人很多玩飞飞，于是大家一起练级，在蘑菇那里升级的时候，大家都占好了各自的位置，只有一个陌生的女孩闷着头打怪，没办法，总不能抢熟人的怪吧，所以，在那么大的蘑菇区域，无为只在女孩的附近活动，没想到这个陌生的女孩竟然这么笨，就刷在眼前都抢不过自己。无为不由得打了一个得意的口哨，一阵大笑着冲了过去。

在第一次无为和林雪的接触中，林雪一想到那个口哨声就气不打一处来，无赖，下流，流氓，人渣，垃圾，小混混，讨厌，烦人，不懂谦让女孩子，没有君子风度，反正林雪所能想起来的一切词汇，都统统慷慨的送给了正在自鸣得意手法高明，早已经跑到远处打象牙虫的那个好像一辈子也没洗澡的坏小子——无为。

林雪第二次看到无为，是在林雪不小心碰到了山地老狼BOSS被追着跑的时候，那一次，林雪第一次见到了修。不知道被狼BOSS追了多久，反正林雪的脚上也跑到只剩下了一只鞋子，慌乱中撞到了一个人影。

"同学，你没事吧。"

好有磁性的声音，林雪抬起了头，凌乱的头发丝毫没有遮盖住娇美的脸庞。面前这个女孩，胸前随着不规律的喘气一起一伏。林雪看到了眼前这位男人眼神里一闪而过的惊讶。看到了撞在自己身上又跌倒在地上女孩的尴尬，那位男人把手递了过来："我叫修，真该死，挡到美女的路了。"望着面前这位风度翩翩的男子。林雪不禁脸一红，本来林雪可以自己爬起来的，却鬼使神差的把手递了过去。

"你叫什么名字。"修貌似不经意地问道。

"林雪。"

林雪偷偷地抬起头看了那位叫修的男子一眼。心里像有个小鼓打了一样。砰~砰~跳个不停。林雪见过很多种人，看到她目瞪口呆的，留着口水的，亦或装作满不在乎，其实是想引起她注意的，而面前这位叫修的男子，却那样清新脱俗，脸上虽然面带微笑，可是眼神里却又充满着忧郁，林雪突然产生了想要了解面前这位男人的想法，脸一红，又低下了头。

"很好听的名字，"修微微一笑。

"嗯。"林雪小声应着。

修正要说些什么，就看到前面跑过来一个人，那人满脸兴奋，"修，我搞定它啦，哈哈，咦？这有位大美女啊。"

林雪直直的瞪着跑过来的这个人，这人好没有教养。等那人跑近了，林雪却愣了一下，这不是前几天吹着口哨抢她怪的那个人么，这个世界怎么这么小，讨厌什么来什么。

无为也发现了林雪，"这不是，这不是，这不是那个，那个那个，那个大蘑菇吗？"修睁大了眼睛看着林雪

"你才是大蘑菇呢，"林雪再也忍不住了，骂道。

修不禁笑了，"这位是我兄弟，无为。"

"哈哈，原来你们认识，我叫无为，"说完，一双脏兮兮的手不客气的递了上去。

林雪把目光转移到了天上。

修和无为很尴尬，"对了，林雪，我们有点事，先走了，再见"

说完，修拉了拉无为的手，眼神示意了一下。

林雪转身的时候，二道飞行轨迹已经横空而逝。

林雪的脑海里又回响起了刚才看到的修微笑的样子："我叫修，真该死，挡到美女的路了。"

后来林雪努力使自己升到了40级，加进了修和无为他们那些人建立的行会。

因为是女孩子，所以林雪在行会里得到了很多的照顾，但是林雪却感觉到有一点不自然，那个不自然的因素就是经常留着口水一副白痴相看着林雪的无为。林雪很讨厌他，但是还不能太得罪他，因为无为是修的好兄弟，而修，一想到修，林雪脸颊不禁泛起了一丝红晕。

修很少说话，经常一个人孤独的坐在大肯村旁的齿轮上。那种忧郁的眼神，不仅仅是俘获了很多女孩的芳心，更是俘获了林雪的心。林雪默默地注视着修的一举一动，偶尔和修说过一句话，她都要高兴好半天。修眼睛扫过林雪的时候，林雪都慌乱得不知所措，生怕自己有什么形象上的过失。

日子就这样一天天的过了下去。

林雪也越来越失落。

但是，更失落的确是另一个人——无为。

无为莫名的喜欢上了林雪。

无为从来没有看到过眼神如此忧郁的女孩，每当林雪因为修的笑而笑，因为修的无视而伤心，无为都会心中一痛。但无为是一个认准了一件事情就不会放弃的人。

于是，林雪每天上线都会碰到一个人，那个人总会有事没事的在她附近转悠，虽然她很烦他，但是碍于修

的面子上，她总是不会撕下脸皮。

林雪觉得，修是喜欢自己的。因为修在看夕阳的时候，并没有排斥"巧遇"在云海边的林雪，走的时候还帮林雪轻拂了一下她略微凌乱的头发。修一定是有什么难言的苦衷，也许是现实中的距离，但是这个距离对林雪来讲，并不是很遥远，因为，林雪，修，无为，在现实里都是在一个城市生活的。

于是林雪开始故意和无为接近。

而目的，却是修。

无为很兴奋，自从林雪开始主动和无为说话的时候，无为睡觉都没合过嘴，嘴角一直向上翘着。

无为俨然以林雪的男朋友自居了。

林雪发现无为和自己的性格是越来越不相配了。每天除了陪自己就是打BB做任务，忙来忙去的，一点品味都没有，倒是修，每天呆呆的在晨光，在大肯站着。和自己是那么的相似。

也许，这是老天注定的姻缘吧，林雪想到这里不禁的笑了。

"雪，你笑得真好看，呵呵。"一个不和谐的声音出现。

林雪把脸转到了一边，那是无为的声音。

修，你真的不嫉妒么？林雪内心迷茫。

随着修的漠然，林雪的脾气也越来越大。

无为表现越来越小心翼翼了。

林雪无聊的时候就会和工会的兄弟姐妹一起聊天乱侃。

有一次林雪的话过重了，对方很生气。于是林雪眼泪汪汪的，泪水直在眼眶里打转。

修没有说话。

于是无为站了出来，帮着林雪，没有说几句。便被林雪打断了。

"无为你能不能不说话，怎么哪有事哪有你？滚！"

无为楞住了。

那位行会里的人看到事情有些尴尬，赶紧出来调节，你俩别吵了，这点小事我不放在心上的。

无为当场下线了。

正当大家猜测无为会不会因此不玩飞飞的时候。

消失了2个星期的无为又回来了。

还是那个无为，那个让林雪感觉到讨厌的无为。

当面带微笑的无为出现在林雪面前时，林雪开始怀疑世界上还会不会有比面前的这个人更不要脸的人存在？

林雪开始躲着无为。

因为无为变得更殷勤了，比以往有过之而无不及。

无事献殷勤，非JIAN即盗。

这是林雪的一个笔签上面写过了，林雪也因此记住了。

所以无为越这样，林雪躲的越远。

而事实上，

无为照顾得很贴心。

林雪现在练级的时候，旁边一定会出现一个叫"林雪我爱你"的男圣在旁边孜孜不倦给林雪加状态加血。

当这个男圣第一次出现在林雪面前的时候，

林雪知道

这个男圣一定是无为。

因为，在这个世界上也只有无为能够起这个恶心的名字。

行会人讨论了2周的答案揭晓了。

消失了两个星期的无为并不是不玩飞飞而是去练这个男圣号去了。

当大家都为无为感动的时候，整个世界只剩下一个人无动于衷——林雪。

林雪不感动是有道理的。

林雪在练级打怪的时候。

总会有一个男圣在自己周围上窜下跳，比自己还忙，搞得自己一点打怪的心情都没有了。

可是无为不知道，没有了刺激的拉怪，也就没有了升级的乐趣。

林雪想去买红买蓝的时候，无为总会自告奋勇的去帮着买，林雪话音未落，无为早已消失在了半空。

可是无为却不知道，没药林雪只是为了自己不爱练级找的借口，林雪的装备栏里，还有好多没有开过封的药。

林雪在云海岸边想修的时候，无为总会讲着各种各样的笑话，甚至还没有讲笑话，自己就先笑个不停。

可是无为不知道，林雪却是一个既喜欢动但有时候又非常渴望安静的女孩，无为的努力，只能让林雪感觉到更反感。

直至有一天，林雪实在受不了这个总跟在自己屁股后面一阵小跑的男人。林雪当着众人的面，大声对着无为说，"无为，你别再纠缠我了，我不喜欢你这样的磨磨唧唧的男人，你除了哄女孩子开心还会做什么？你不知道我有多烦你？我求求你以后离我远点行不？而且我告诉你，我早就有了自己喜欢的人了。"林雪说完，往修在的方向望了望。

无为真的安静了。

在林雪偷偷地望着修的时候，有一个人也在偷偷的望着林雪。

每次任务的时候，无为都会很忙的样子，热衷于其中，四处奔波，而林雪确实非常厌烦做任务，觉得好麻烦。每次任务的奖励，只要是自己喜欢的，无为都能够做出来。

这也是唯一的能够让林雪感觉到对无为内疚的地方。

林雪很喜欢帕里，那里不但风景好，更重要的是，那是和修第一次遇见的地方。

无为也会经常在林雪的身边晃悠，虽然很少和林雪说话，但是林雪总会感觉到无为的眼神在朝着她的方向瞟。

春节筋斗云任务开始了，同时伴随的，还有纪念披风任务。

无为更忙了，忙的甚至连纠缠林雪的时间也没有，这点让林雪非常开心。

少了无为的纠缠，林雪更可以没有顾及的偷看着修。

只是看修的时候，身边少了那个爱唠叨的讨厌鬼，林雪有了一丝空落落的感觉。

任务结束了，无为神神秘秘的和林雪交易。

林雪很惊讶的发现，那是一朵云。白白的，没有一丝杂质。

林雪兴奋地踏上了云，在天上飞啊飞啊。无为的笑容在地面上越来越小，最后整个无为的身体也化为了一个黑点，直至消失。

"无为，你说我突然踩着云出现在修面前，他会不会很惊讶。"林雪笑着说。

无为正笑着的脸变得很僵硬。

良久，"不会的，"无为很平静地说。

当林雪踏着云出现在修面前的时候，她理解到了为什么无为会说不会的，因为，修身上也有了一朵。

但是修看到林雪骑着云却很惊讶。

"他把云给你了？"

"嗯，怎么了？"

"哦，没事，只不过他熬了三天夜得到了两个云，我以为他会留给自己一朵呢。"修淡淡地说。

林雪愣住了，她以为她已经够了解，那个做事不经过大脑，口无遮拦，又没有品位的人，却知道她却根本就没有更深的了解过他。

看着眼前自己暗恋的修，林雪暗暗地下定了决心，不再欺骗无为，要把事实告诉他，告诉他自己喜欢的是修。

无为上线了。

看着面前生龙活虎，在行会人关切的目光下展示自己肌肉，以表示自己一点事情都没有的无为，林雪又把到嘴边的的话咽了下去。

林雪继续留在无为的身边，所不同的是，林雪已经不再反感这个看自己看着看着经常会流出口水的无为了。

无为开心地笑了。很甜，像个孩子一样。

而修，终于对林雪有了反应。

那天，修找到了林雪，平静地告诉林雪："我喜欢上你了，雪。"

林雪睁大了眼睛望着修。

当修再一次说，我喜欢上你了的时候，林雪扑进了修的怀抱。

当林雪很幸福的牵着修的手向大家宣布她要嫁给修，三天后，在帕里那个遇见修的地方举行婚礼。

大家都很开心，终于，行会里的林雪公主有了着落。

只是，一向爱凑热闹的无为却消失了。

没有人知道无为去了那里。

依稀听到有人说，

见到一个人在蘑菇那里站了整整一天。

三天后。林雪和修的婚礼正式要开始了。

在大家纷纷道喜的过程中。

林雪却突然发现，自己好像并没有自己想象的那样激动。没有了那个经常围在自己身边的人，林雪感到了很不习惯。

"修，无为呢？"林雪问修。

"不知道，本来我们是在一个网吧玩的，后来他家装了宽带，我们就不在一起了。"修平静地回答。

"哦。"林雪不由得一阵失落。

"呵呵，说实话，要说咱俩能够在一起，那还要感谢无为呢？"修突然说了一句。

林雪疑惑地看着修。

"记得我们第一次见面你被老狼追吧，本来我和无为刚刚买了飞行器，正四处飞着玩，无为就看到了你被老狼追着很狼狈，依我的性格，本来不想管，他却非要去帮你。于是，我就站在一边等着他，却没想到你竟然跑了过来，呵呵。结果你就撞到我身上了。"修笑着抓住了林雪的手。

林雪脑海里浮现出了那个笑嘻嘻地把脏兮兮的手伸过来的家伙。

"来来来，修你和林雪在云彩上照张像，这样有种空中的感觉哦！"

旁边有人嘀咕，"好富有，他俩竟然都有云。"

"老公，老公，我也好想要云。"

林雪身体不由得一颤。

那时无为病刚刚好转，林雪感觉到实在是欠无为的情，便决定把云彩还给无为，无为很生气，我为自己最好的兄弟，和自己最喜欢的女孩做点事情，难道都不可以？然后骑着合金滑板拂袖而去。

"修。我们等无为回来再结婚吧。"林雪突然对修说。

"婚期已经定下了，人都来了，这样不好吧。"修有些生气。

"可是他是你最好的兄弟，不是么？"林雪反问修。

"嗯，这到是！那你怎么说就怎么做吧。"修平静地回答。

林雪却没有想到过，好友栏里无为那个号再也没有亮过。

一年后，修出国了，也从飞飞里彻底消失。

林雪又独自一个人在飞飞里流浪。

林雪在飞飞里很不愉快。

在和别人争论被人骂做婊子的时候，林雪想到了那个为自己出头却被自己骂走的无为。

在进洞升级被鱼爆飞的时候，林雪又想起了那个曾经在她身边上串下跳惹自己心烦的无为。

在自己努力做着任务的时候，林雪又想起了通宵熬夜给自己做任务的无为。

无为，你到底到哪去了？泪水在林雪眼框里打转。

终于有一天，一个老朋友上线了，看到林雪很惊讶。

谈起以往的事，那个人告诉林雪一个让她非常激动的消息。

无为放弃北服，在黑服建了一个号。

在喧闹的人群，无为和林雪凝视着。时光仿佛停滞了几百年。

"无为"，林雪看着无为。

无为笑了。对着曾经爱过的女孩。

"你变漂亮了，林雪，追你的人更多了吧，修压力大了。现在的无为虽然开着玩笑，但林雪从他身上找不到了当初的影子。

"你却成熟多了，无为。"林雪望着这个现在才知道是自己最爱的男子。

"你知道么无为，你消失后我一直在找你。"

"呵呵，找我做什么啊，是不是你和修结婚了我没去送礼，怪罪我了。"

林雪盯着无为。

无为不再说话。

"你走后，我才发现我最喜欢的人是你，而不是修。"

无为内心苦涩。

"无为，你知道么，你走后，我并没有和修结婚。我一直在等你，我后来想了想，陪伴在我身边最多的，就是你，在游戏里第一眼看到的也是你，为我付出最多

的，还是你，无为，今天看到你，我不想再放走了。"

无为沉默了。

"你能接受我么？无为？无论是北服还是黑服，你在那里，林雪就去那里。"林雪大声说。

"林雪。"无为平静地说，"有些东西，错过了就根本不可能再回来了。"

林雪感觉胸口一阵剧痛。

"现在的我，早已经不是当初的我了，这件事我想了很久，最后我决定放弃，这个决定，是我咬碎了牙齿做出来的。"

无为停顿了一下，"还有，我终于有机会可以亲口告诉你，爱过你，是我的劫难。"

无为说完，就下了线。面对着屏幕，男孩呆呆的坐在电脑旁，两行热泪止不住流下。

爱过一个人，又怎么会不被伤到？

半年后的某一天，林雪和新交的男朋友进入了一家很有名气的西餐厅吃饭，旁边有一对情侣在亲密着说着话，林雪他们坐在了另一个靠窗的桌，顺便欣赏一下周围的环境。

"我要牛扒，八成熟的。"旁边那位漂亮女孩看着点菜单对服务员说。

"一看你就是没吃过西餐，SERVANT，也给我来份牛扒，三成熟的！"男孩一脸得意。

服务员笑着离开了。

林雪也很惊讶，好象很少有人吃七成熟以下的牛扒，三成熟和生的也没多大区别了。

不一会，牛扒上来了。

"这就是三成熟的牛排？"那个男孩一脸惊讶地看着摆在自己那份充满了血丝的牛排，但随即笑了笑，"哈哈，那么，我先开动了哦"，男孩小心地拿起刀叉，左插插，右切切。但是牛扒仍然纹丝不动，男孩越弄越急，最后大喊一声，SERVANT，给我拿双筷子来！！！！"整个西餐厅所有人都不约而同吧注意力集中向那个男孩。

林雪也不由得把嘴捂住，不让自己笑出声来。但是眼睛里却流露着笑意。

那个和男孩子一起吃饭的女孩，脸一红，赶紧低下了，小声的对男骇说："死无为，臭无为你出去以后别说你认识我啊。"

那个男孩尴尬地挠挠头，嘿嘿地笑了

无为，是无为。这个名字使林雪感觉晴天霹雳。她看着这个帅气的穿着T恤的阳光男孩，心绪又回到了帕里平原。

那个吹着口哨扬长而去留下那个在原地直跺脚眼泪直转的女孩的男孩。

那个刚刚奋力杀掉狼王，笑嘻嘻地伸出脏分分的手的男孩。

那个平时大大咧咧去经常偷偷着望着那个神情忧郁的女孩的男孩。

那个为女孩出头反被女孩骂走一脸悲愤的男孩。

那个为了有借口和女孩在一起，而练了一个男圣粘在女孩身边赶都赶不走的男孩。

那个为了给女孩一个惊喜经常为了任务而熬得面黄肌瘦的男孩。

那个明明知道女孩喜欢的人不是自己却不肯承认的男孩。

那个看到自己喜欢的女孩进入了别人的怀抱心如死灰的男孩。

无为，我终于找到了你了。林雪热泪盈眶。

"你怎么了？"林雪的男朋友关切地问。把林雪从记忆中拉了回来。

无为他们已经站了起来，那个漂亮的女孩子还帮着他穿上了外套，二人一脸甜蜜的相拥着走了出去。

"哦，没什么，沙子迷了眼睛。"林雪望着渐渐远去的无为的身影。

"这里怎么会有沙子？"

"哦，我也不知道！！"

"点菜吧"

"我吃牛扒，三成熟的"

"啊？你也吃三成熟的啊？"

A城的夜晚很美，在城市的很多角落，一对对的情侣相依看着星空，偶尔一颗流星划过，会惊起一阵尖叫，也许，爱情正如流星一样，短暂而又美妙，美丽而又无法把握，划破了天际，也变完成了使命，留给我们的，是那一瞬间的光芒，一瞬间的永恒。

爱过，流星！

梦回异界

【题记】

我们所要走的这一条路，于过去，被先驱者们踏遍。
无数的勇士用自己的鲜血，筑起道路的石基。
他们的梦想、信仰、执着，是这条道路上发人深思的惨景。
这不是平坦大道，先驱者们的骸骨正说明了这一点。
但，勇士的定义是什么？
——是在绝望中创造希望的人，无关乎职业，无关乎性别。

以黑夜为冠冕，以星辰为权杖
第一篇《血与火之歌》

【精灵国度 千羽家族 本部】

流焰抬手看了看表，PM 19:30.。再过半个小时，王位争霸战正式打响。作为抢夺王位这方——"千羽"家族的族长，他需要做最终确认。

"请各分团长报告本团准备情况！"

"代号C：本团已达目的地，一切就绪！"

"代号L：本团正向目的地疾行，预计3分51秒后到来，其余就绪！"

"代号A：任务已确认！时刻待命！"

"……"

流焰微微舒了口气，望向副族长："后勤准备情况如何？"

天夜明转头看着他，未曾答话却先不明所以地笑了起来。三色相间的魔杖在他手中不紧不慢地旋转。

"你给我正经点！副族长！"流焰加重了语气。

"呀，这都算不正经？"天夜明笑着，黑色丹凤眼似乎半睁，"我想知道：为什么打这场战争？"

"请、副、族、长、报、告、后、勤、准、备、情、况！"流焰一字一顿地说，"事有轻重，你的问题稍后回答。"

不知是苦笑还是冷笑，天夜明斜了斜嘴角："物资补给：曼德拉家族，就绪。

"装备运送及修理：武门家族，就绪。

"战地治疗牧师：天宫家族，已达太古草原。以上，报告完毕。"

流焰吃了一惊："什么？！治疗牧师才到达太古草原？"他稳了稳情绪，"怎么会到那儿去？太古草原根本就不在她们的必经之路上！"

"是这样的。天宫家族在使用传送翅膀时，忽然受到强力磁场的干扰，本该传送至王城的翅膀把她们带到了太古草原。而——那个磁场，也覆盖了太古草原。"

"意思是短时间内她们无法赶来了？……这是多久前的报告？"

"12分21秒前。"

"在这12分钟里，她们没有再与我们'千羽'家族联系吗？"流焰不甘心地追问道。

"是的。其间已向她们发出紧急通信请求4个，均无回应。"

"试过强制通信吗？"

"试过2次，受阻。"

联想到最坏的可能性，流焰不由得压重了声音："有联系其他牧师家族吗？"

"有。但没有一个家族能来。"天夜明顿了顿，一脸严肃，"就是说，'千羽'整个家族必须在没有半个牧师加血加辅助魔法的情况下，打完一场恶战，而且对手是被冠以'龙之爪牙'之名的'色雷斯'家族！"

短暂的沉默。流焰在脑中飞快地评估着，缓缓闭上了眼："这样……我们'千羽'家族，在这场王位争夺战中胜出的几率，连四分之一都不到吧？"

"其实也不是没有办法。"天夜明注视着他，目光闪烁，"我们可以……放弃这场战争。"

"其中的道理你也是懂的，留得青山在不愁没柴烧。如果不放弃的话，战争代价太大，况且，如此巨大的代价换来的，依旧是超过四分之三几率的失败率。"

流焰睁开眼，却没有看向天夜明，反而望向了天边那最后一缕霞光："你忘了族规。第十一条，不战而欲退者，逐出家族。"

"可族规是死的，人是活的！"犹豫了一下，天夜明继续道："你究竟是为了什么去和'色雷斯'家族打这一场？"

流焰并没有立即回答，于是天夜明便又接着说："因为梦想？因为荣耀？因为兄弟？还是因为，那所谓的慈悲？"

"全错。"流焰道，微光均匀地洒在他的脸上，虚化了人物轮廓，"那是因为——虚、荣、心。"

那一瞬间，空气中传递的似乎不是流焰的声音。天夜明几乎要认为自己听错了。流焰又重复一遍，仿佛为了强调什么……

"仅仅因为，虚，荣，心。"

案旁，烛火"荜拨"响了两声，火焰跳动。

几秒的死寂后，天夜明冷哼一声："那就放弃这场战争。没什么好说的，也不要用族规压人。族里的兄弟，是患难与共的兄弟，绝无必要、为满足谁的虚荣心、而去做那样一件十足的傻事，还赴汤蹈火、义无反顾！"

"如果我，拒绝放弃呢？要清楚，'千羽'的族长，是我，流焰•千羽。"

——照见黑暗，我看见虚无的尘埃。

【太古草原　天宫家族】

"还是联系不上'千羽'家族吗？"辰砂忽然问，带着些许焦虑。

"啊？"负责联络的少女牧师吓了一跳，右手不禁停止了探测魔法的释放，"辰砂姐……'千羽'一直联系不上。老实说，不仅仅与千羽，与整个外界都联系不上。"

眼眸黯了黯，辰砂接着问："那找到联系不上的原因了吗？"

少女牧师叹了口气，微微点头："找是找到了，但也和没找到差不多。原因就是那个把我们送来这儿的强力磁场。它没有丝毫减弱的趋势。"

"很……糟！族长大人有说什么吗？"

"有啊。"一边说着，少女牧师又释放了一个信号弹般的魔法，"让大家在原地耐心等待，寻找救援的先驱小队已出发了。——辰砂姐你不是族里的元老么？你知道的应该比我多才对。"

"你也这样想？"辰砂又看了看表，PM19:41。"如果现在有空艇就好办了，能来得及在开战前赶到精灵国度。"

"那种可能性，太低了吧。"信号弹魔法在少女牧师手中"啾"一声，绽放出耀眼的华光，"那个……我听说辰砂姐的恋人……是'千羽'家族的？"

辰砂怔了怔，抬眼注视着她，没说话。少女牧师嘿嘿一笑："嘿，辰砂姐，不愿说就……"

忽然，空气中多了某种熟悉的颤音，蜂鸣不止。声音越来越大，压过话语声，仿佛连耳膜都要震碎。

这种频率的颤音——"趴下！"辰砂鼓足力气叫道，迅速拉倒一旁的少女牧师。

"怎么了？辰砂姐，这声音是什么？"少女牧师问，话语淹没在巨大颤音中。

"是空艇，在太古草原降落。"根据口型猜测少女牧师的话语，辰砂答。

颤音渐渐小下去。离她们约二十米处，果然低低悬浮着一艘庞大的空艇。艇首，黄金打造的飞翔女神振翅欲飞。少女牧师动了动，想要站起来。

"别动。"辰砂制止了她，"这空艇不是'千羽'家族的。"

少女牧师一愣，握紧了光耀之翼，和辰砂一起警惕地盯着低空悬浮的空艇。天边华光一闪，皇后蜂冲着空艇疾翔而去，因为速度太快而拖出隐约的幻影。最终，她停在了距空艇八米的地方。

似乎确认了什么，她转过身来招了招手。

"是族长！"少女牧师压低了声音，却仍压不住惊诧地说，"她让我们过去！"说罢，一回头，看见辰砂微微蹙着眉，便宽慰："就算那空艇不是'千羽'家族的，那也不能表示它就是'色雷斯'家族的呀。族长都让我们过去了，肯定是先驱小队寻来的救援啦！"

说着，她拉着辰砂站起来，各自召唤出飞行器，飞向驾驭着皇后蜂的族长，天宫家族的其他族员也陆续飞来。

"族长大人。"辰砂停在族长宁烨的边上，询问道，"这是先驱小队寻来的救援吗？"

宁烨点点头，看着各族员鱼贯进入艇内。隔了一会，除她们之外的族员都进去了空艇，"我们也进去吧，辰砂。"

PM 19:49。空艇。休息舱。

不祥的预感让宁烨感到不安。她仔细打量着舱内的一切事物，从壁纸，到床具，再到摆设。一切都是崭新的，没有使用过的痕迹。倒是地板显得破旧了点。

目光似乎在移动中略过什么。她专注地盯着一角。

一阵敲门声传来，来人礼貌地说："族长，我是辰砂。可以进来吗？"

"不必进来了，我出去。"宁烨收回目光，从舱内走了出去，"什么事？"

"这空艇上没有我们的先驱小队成员。一个也没。"辰砂尽量稳了稳心绪，"我感觉……不太好。"

"你发现了？"宁烨向前走了一步，压低了声音，"我去驾驶舱看看。"

"我和你一起去，族长。"辰砂立即说。

宁烨微微笑了一下，笑容有些神秘。她摇了摇头，打了个再见的手势后。越过辰砂径直走向驾驶舱。只剩辰砂在原地，一脸不可置信。

因为宁烨在走过她身边的时候，几不可闻地对她说——

"我在休息舱的地板上，看到了未被擦t干净的'色雷斯'家族族徽……如果我10分钟之内不能从驾驶舱回来，让副族长保障大家的安全……而你……你明白你该怎么做。"

时间在等待中变得无限长。对面的少女牧师嗞嗞地吸着果汁，一脸兴奋，大概还认为这空艇真的是救援，而不是充满危险的毒牙。

辰砂叹了口气，又一次看了看表。PM 19:58。秒针转动发出滴答声，于是整块怀表便像是暴露于空气中的发条心脏。

"滴……"一声长音，空艇的门莫名其妙地打开了。罡风灌了满室。艇内所有人都疑惑不解，发着小小的抱怨。

就是这个机会！辰砂飞速冲到门边，一只大手拦住了她。

"小姐，这样很危险。"拦住她的是艇上的一位男服务生，漆黑的瞳孔进射出凌厉的光，"您太冒失了，您还有族人呢，怎么能这样急着……急着寻死？"

少女牧师捧着果汁，想说什么却没有开口，只以清瞳不解地望着辰砂。

而在少女牧师视野的盲区，一位服务生拉满了弓，羽箭对准了少女牧

师的咽喉。

——长剑披霍，我梦见无端高耸之崖。

【精灵国度　王位争夺战场】

"千羽"家族已黑压压地站了一片。不远处，八座水晶塔巍然耸立。

PM 20:02。

战争已开始。然而，没有一个人呐喊、冲锋。似乎万物都停止了生长，止于这窒息的静。

整个战场上，居然只有"千羽"家族的族员！

"老大……"一个粗壮的声音率先打破这寂静，"我们这是……撞见好运，还是……撞邪了？"

"你这猪脑袋就只能想到那些么？"族中的一位刺客说道。流焰显然已陷入沉思，似乎没听见族员的疑问，又似乎不知怎么回答。刺客又道："空城计，知道不？"

"可能不是。"一位巫师说着，拉了拉帽檐，"我们之前不是得到这样的情报么？——'色雷斯'家族聚集了大量的刺客。他们善于隐身。"

"你是说，他们现在可能在这战场上，以隐身状态？"粗壮的肌肉男拍了拍脑袋，"还可能在隐身时占领了水晶塔？"

"有这可能性，而且很高。当然，他们还可能在隐身时，神不知鬼不觉地向我们发动袭击。"

此时，流焰忽然扬起头，以一种铁定的语气说道："不，那不可能。"

言毕，流焰瞬间召唤出飞剑，直冲上百米高空。手中的魔瞳法杖直指虚空："'色雷斯'的刺客，并没有出动。来赴战的，是法师。"

"哎呀呀呀呀呀……被发现了呢。"一个童声忽然在高空响起，声源乃流焰所指之处，"我还以为你们发现不了呢。"

说话的是一位不过十二岁的少女，堪堪提着一把奇怪的法杖。然而光华满身，她身后，张开了一双五彩华翼。

流焰环顾了四周，像确定了什么："来的，竟然——只有你一个人！？"

"不然你以为来了多少人？百个？——切，就你还用不着我们出动那么多人。"少女撇了撇嘴，嘟嚷着抱怨道，"我原本打算在你们占领了七个水晶塔之后，才出手的。——都怪你！害我不能玩得尽兴！"

地面上已哗然一片，几位族员蠢蠢欲动，想要飞上空，却又碍于纪律，不得不守在原地。大部分族员们一脸"老子不跟你这吹牛皮的小姑娘一般见识"的不屑

表情，少部分则嚷嚷着："老大，灭了她和她家十八代！"

流焰用一个手势制止了骚动，随即做出一副准备战斗的姿势："既然'色雷斯'派了你来……报上名号吧，我一个人和你打。"

"嘿嘿，你确定你要一个人和我打？"少女邪邪笑了起来，一排贝齿露在夜色下，"算了，问了也是白问。"

"我叫莉莉•也比•色雷斯。初次见面——送你份见面礼吧？"少女歪着脑袋想了一会，法杖在空中转了一个圈，"送、你、'绝望'——如何？"

没有吟唱，没有辉光，甚至连魔法都算不上。只有挥舞武器的空响，充斥了天地。

几秒钟后，少女依旧提着奇怪的法杖悬浮在空中。没有一个魔法技能释放开来，确切的说，她根本没有释放魔法。

"咯咯，你看看你的'族员'吧。"少女掩嘴说着，掩不住笑意。

流焰低下头。他看到了毕生难忘的景象。

骑士丢掉了巨剑，巫师将法杖抛入高空，弓手将羽箭洒在地上……

所有的人，那些"千羽族员"，都振臂高呼着："神——佑——色——雷——斯——！"

看到流焰仿佛瞬间被抽干了力量，少女笑得更欢了："呐，千羽家族族长流焰•千羽大人，你该不会——连自己的族员什么时候，被我们解决并代替掉，都不知道吧？"

"这份礼物如何？还满意吗？"少女又说。

"流焰，你还重视些什么呢？亲情？爱情？梦想？荣耀？……夺走你所重视的所有，给你王位，你选择什么？"

——我的潘多拉盒子里，只藏有虚象二十四格。

【瑞加王城 酒馆】

"那好，我，天夜明，从此刻开始，不再属于'千羽'家族。"当他听到流焰那样说时，他是这样回敬的，与生俱来的血性与年少的叛逆被完全激发。

之后他来到了这个酒馆。周围全是讨论这次王位争夺站的声音。

"看吧，我说这次'千羽'肯定输的。"青年巫师掂了掂手中的银币袋，斜眼看着桌对面的女孩，说。

女孩的双眼红肿，显然是哭过的。听到青年巫师那样的话语，她依旧沉默着，只将头压得更低了。

"嘿，伙计。"天夜明走了过来，拍了拍先前那位巫师的肩，"这位小姑娘这样义无反顾地押'千羽'赢，八成是有恋人在那家族里。你就不要毁它在人家小姑娘心中的伟岸形象了，会遭雷劈的。"

那位巫师哼了一声，点了钱便走开了。天夜明便在女孩对面坐了下来，尽量爽朗地笑着："姑娘，你是有恋人在'千羽'家族吗？"

女孩抬头看了他一眼，略一迟疑，她轻轻摇了摇头。一会，又将头低下去，不作声。

"不愿回答？"他自嘲地笑笑，酒保送了一听酒过来，他便酙满一杯，"不愿说那算了，本来还想着……"

"不，不是那个意思——"女孩又连忙摇了摇头，浅发摇曳，"我的意思是，我没有恋人在'千羽'家族。"

"那你……"天夜明愣了愣，"为什么这样……嗯，这样固执地押他们赢呢？"

她想了一会，"我也不知道……明明，明明、我没有恋人在'千羽'呀……"后面的话语越来越轻，两团红晕爬上她的双颊。宛如朝阳的辉光。

天夜明想他大概明白了。黑色凤眼半睐着，刚要说些什么时，惊诧声猛地炸响开来。

——是打探消息的酒馆伙计回来了。

未见人至，其声便嘹亮清晰地传来："爆冷门啦！精灵国度这一届的国王，竟然是前'千羽'族长，流焰！"

"什么！？'千羽'不是全军覆没了吗？连家族都没在了！——你说的……是假的吧。"

"这可是千真万确呀！不信你去问精灵国度的大祭祀！"

"怎么是这样？"

"所以，大家，听我详细道来。"那伙计找了个位置坐下，清了清嗓子，"这事得从王位争夺战说起……"

"你们猜猜这次王伟争霸战中，'色雷斯'派了多少人去？……一个人！还只是个十二岁的少女法师！"

"那少女就这样——"

他说着，站起来，兴奋地手之舞之、足之蹈之，"浮在高空中，冷眼看着下面的'千羽'家族。

"后来还是'千羽'的族长流焰发现了她。少女娇笑一声，像是发嗲一样说道'我送你份见面礼吧？——送、你、'绝望'，如何？'哇呀呀，那种气势——就好像山崩地裂一样！

"于是，'千羽'全军一瞬间'叛变'了。——其实也不算叛变。'千羽'家族原来的成员早就被'色雷斯'的间谍暗杀，然后替换了。

"你想想，整个'千羽'，几乎全是'色雷斯'的间谍！

"流焰脸色霎时就变成死人脸了。少女又娇嗔一声，'夺走你所重视的所有，给你王位，你选择什么？'

"嘿，流焰的选择大家想必都知道了吧？不然这届的精灵国度国王，怎么会是前'千羽'家族的族长流焰呢？"

低下一片嘘声，有人好奇道："那，那个什么族长，交出了什么？才换的那个王位的？"

伙计学者说书人晃了一圈脑袋，伸出食指，"此乃、天机——不可泄露。"

"去！"酒客们斜了眼看了看那伙计，准备作鸟兽散。

"哎呀，我这不是真的不知道吗？"伙计嘟囔着，酒馆老板冲他招了招手，他便过去了。

听到那样的消息，天夜明心里宛如乱麻。一面想找到流焰，问他为什么接受这样施舍性质的王位，只为了虚荣心也能放弃自尊做到这种程度么；他已不再属于'千羽'家族，该以什么立场去质问他？

"遭暗杀……'千羽'全没……怎么会……怎么会这样啊……"桌对面的女孩，她娇小的身躯微微抽动着，似乎是在啜泣。

天夜明微微一怔，稳了稳心绪，声音带了些许沙哑："请节哀。"对她，也像对自己说。

仿佛找到了绝提口，女孩的泪水一瞬间汹涌起来："天……天、天夜明……那个混蛋！"

"我……"天夜明又是一愣，"啊不，那个天夜明，哪里混蛋了？"

"混蛋混蛋混蛋！就是混蛋！……呜，居然，居然居然居然，居然就这样死了……"

"……"他不知说什么好，叹了口气，"他没死。真的！"

女孩又抬眼看了看他，再次低下头去。一脸'女人心海底针'的典型表情，也什么都没说。

"你和天夜明，是朋友？"其实不问，他也知道答案是什么。他对面前这个女孩一点印象也没有。

"不是。我认识他……他不认识我……"

"……他现在认识你了，如果你肯告诉我名字的话。"

"哎？"女孩一脸诧异。

温和的日光穿过浮动的尘埃，恍如记录幻梦的羽笔。天夜明微笑着，黑色凤眼中印出她的模样，隐隐约约。

"我是天夜明。你呢？"

女孩怔住，尤挂泪痕的脸庞宛若隔世的白莲。

"我、我叫天柒……"说着，她缓缓低下了头。

——最是那一低头的温柔，

——像一朵水莲花不胜凉风的娇羞。

天夜明想到了那样美的诗句。应了此景。

——花与火，都开到荼靡。

【瑞加王城　码头　天宫家族】

以整个夜为幕布，王城亮起不灭的灯火辉光。喧嚣若细流，轻巧流淌，又轻敲沿路的街道，窸窸窣窣。夜风灌满了整个码头，气流不断从底部直冲而上，擦过停留的空艇，擦过艇首虚张的双翼。

空艇已泊岸，白帆也收了起来。舱门缓缓打开。气流灌了进来，惊起少许尘埃浮动飞扬。

服务生领班欠了欠身，一脸微笑，向身后的天宫家族道："请。"

没有说什么，辰砂清了清人数，便组织大家有秩序地下空艇。

大多数族员都还不知道先前的变故，疑惑地看看服务生，看看辰砂，又看看壁钟。想问什么，又没有开口。

"大家，空艇确实是因为雷达系统受磁场干扰，才不能将我们及时送到的。"辰砂说着，带着连自己都厌恶的虚伪表情。

离她最近的一位小牧师瞳孔闪了闪，迟疑着，倒什么也没问。头一低，走下了阶梯。

辰砂又能说些什么呢？难道要把空艇之诈给大家说得绘声绘色，还是在这种时候？——那太愚蠢。

服务生领班微笑着扫了她一眼，剑锋般凌厉的目光如匕首飞至，轻蔑之意暴露无余。又或者，他根本不屑于在辰砂面前掩藏。

排在最后的少女牧师望了辰砂一眼，跳下了空艇。人都走得差不多了。

"我们族长在哪儿？"辰砂出声低低问道。

服务生领班耸耸肩，摊开双手，表示他也不知道。

"你不知道！？"辰砂不禁提高了声音，最后下空艇的少女牧师闻声，迅速回头看她，她又压低了声音，盯着服务生领班，"你们出的手，怎么会不知道？"

"我只负责压住场面。动手的那支分队不在我管辖范围。所以，抱歉。"他歉意地笑了笑。但是那歉意，又该有多少是作秀成分？

"我有的是办法让你说。"辰砂瞬间召唤出传奇魔棒，就要释放魔法。

熟悉的声音蓦地传来——

"我在这儿，辰砂。"声音在驾驶舱方向响起，一抹红影闪身而出。

"族长？……你还好吧？"

宁烨苦苦笑了笑，咬了咬唇："能有什么事呢？——'禁止杀害医护牧师'，瑞加公约里不是有这样一条么？"

先下了空艇的族员们自动整理了队伍，副族长走到舱门前，抬头沉默着望着辰砂。掺杂了疑惑的焦虑目光，在接触到宁烨之后，变成了欣喜与宽慰。

"已经结好队了么？那走吧。"宁烨说着，走过来挽辰砂的手臂。

"辰砂姐，那个空艇上的都不是好人！"一下来，少女牧师的抱怨便传入耳膜，带着点点南方特有的鼻音。

辰砂回头望了望空艇，似乎没有听到问话。

宁烨弹了弹少女牧师的鼻子，接过话头："那你去吃了他们？"

"看、我——'吃'了他们！"

她说着，立即回过身，召唤出光耀之翼。吟唱在瞬间完成，仿佛神恩化作烟火绽放在大地，一团华光转眼炸开，短暂的夺目光华映亮了半壁夜色苍穹。

空艇上的服务生们均被这一个魔法吸引了注意力。魔法散尽，他们又顺着那缓缓降落的魔法余烬，看到了得意洋洋的少女牧师。

成功吸引注意力！

她吐了吐舌头，伴着鬼脸，以出奇大的分贝叫嚷着——

"空艇上的怪叔叔，一个面瘫两个傻，三个死蠢四个哑，五个八嘎六个我娃……"

"得了。"辰砂强忍住笑，拉了拉她。空艇那边没有反应，天宫家族这边哄笑一片。少女牧师冲族长和几位长老扬了扬眉，那模样活脱脱一只得了甜头的可爱小狗。

服务生领班终于动了动，他向前跨出一步，打了一个响指，开口道："刚才放魔法的那个姑娘，你——你'那个地方'的拉链没拉上。"

几秒之后，"FK"的少女喊声响彻了整个码头。

——盐白的青春。少女华年。

【瑞加王城　紫罗兰大街】

那首歌是这样唱道：

As god kissing lands, it is purple.
仿佛众神亲吻大地，留下淡紫的吻痕。
As wind fixing time, it is piece of stars.
仿佛夜风雕蚀时光，留下碎散的星屑。
The breathe-taking beauty seems abroad.
那恍如隔世的窒息之美，
Over the blowing cattleya, it burns out the points of missing.
超越风中的卡多利亚，燃尽了思念的头尾。
How deeply I want to keep your beauty, violet.
多想就这样留住你所有的美好，紫罗兰。
How deeply I want to catch your tail, violet.
多想就这样抓住'永恒'的尾巴，紫罗兰。
——Always in young.
——永恒之美。

那位调皮设计师，哼着这首曲子，把街道都刷成了淡紫的颜色。而，这紫罗兰大街，确能担当得起这样美的描述。

宁而不寂，华而不喧。

这是它给每个人留下的第一印象。

辰砂向族长请了个假，想去酒馆打听精灵国度王位争夺战的消息。自酒馆出来，她便恍恍惚惚地信步走着，再没有明确的目的地。

"你问王位争夺战的消息？唉，当然是'色雷斯'完胜喽！'千羽'家族已经全军覆没了，就族长活着……不过他居然成了精灵国度的国王！也不知道他是用什么东西换来那个位子的……"

酒保的话语，及他述说时的神情，仿佛魔咒，重重压在辰砂身上，动不得又无处可避。夜风轻穿而过，周围的灯火隐约跳动。沉默的墙壁，晕开淡紫的色彩。

"……已经、到了紫罗兰大街吗……"辰砂喃喃，目光自下而上，扫过花坛、屋顶，最后停在星空。回忆的闸门缓缓打开，没来由的，那些原已蛰伏的情感化作浪涛，洪水猛兽般袭来。

冰凉滑过脸颊，辰砂蓦地落了泪。

"隔了五年的时光，五年的等待……流焰，你竟也变得模糊了……竟也，变得模糊了……"

泪痕清凉。辰砂闭上眼，身周的灯火恍惚间照见了过去。

——那，初逢时节。

她身后的房子，亮着晦暗的火光。主人大概是一位寂寞的歌手，沙哑的女声越过茫茫夜色，时而模糊，时而清晰，辰砂只隐约听清了一句：

"It's a long-long goodbye."

那时的辰砂只有十五岁，也还没有从紫罗兰大街搬到精灵国度去住。豆蔻年华，倒也不如寻常脂粉那般，只爱烟花似的浮华。但少女情怀，在这样的年纪里，总是有的。

碰巧夕阳西下，绛红微光笼罩了紫罗兰大街，混和着建筑物原本的淡紫，分明是画家手中不小心打翻了的调色盘，展露偶得的美丽。

我想要一个萤火虫风灯。

——十五岁的她，只有这样小小的愿望。

所以，当三十几只萤火虫装于玻璃罐中，她虽没有蹦跳着跑回紫罗兰大街，倒也捧着管罐子，小心翼翼的走着。

忽然，技能涌动的光芒冲天而起，隔着一条街，一声呐喊如骇浪传来："撤！"

回巷的建筑结构起了回音，余音未散，一抹黑影便自屋顶急降下来。看到楼下缓缓走过的辰砂，黑影不由大叫一声："小心！"

辰砂慌忙往一旁挪了一大步，不料头顶亦有人声炸空响起："砸到！"

又是几条黑影，追随着先前第一条，从高楼直跳下。

十五岁的辰砂顿时慌了神，转身便跑了起来。

身后，吟唱声、咒骂声交融着。整条紫罗兰大街顿时成了风箱群，以惊人的频率共振着。大约是有这么个人急急喊了句："那个丫头，趴下！"无奈杂音太大，辰砂只听得个模糊。

虽有不解，她依旧朝着原先的方向跑，不带半点犹豫。

此时，又一吟唱声响起——

"以奔腾的鲜血，为火焰之基；

"以狂舞的罡风，为火焰之形；

"以氤氲的清泪，为火焰之光。

"我仅在这里，以焰色之心焰色之诚意，请汝之焰色契约，

"前途众象有如梦幻泡影，以汝之名，将之焚尽！"前方的魔法吟唱已到了结尾，吟唱者并不是任何一条黑影。他将法杖高高举起，吐出最后一句，"炎•陨星！"

辰砂这才大概明白了些，想要闪开，却来不及。火焰蓦地驰来，灼热的火舌舔过装有萤火虫的玻璃罐，冲向原先几条黑影。

那几乎是太阳内部一样的高温，让玻璃罐一声脆响，炸裂开来。罐中荧绿的点点微光一瞬间消失，黑焦的萤火虫尸体散了满地。

来不及惊讶，辰砂身后某条黑影又对同伴大叫一声："你们撤！我拖住他！"

"你还认为，你们中的某些能看到明天的太阳吗？"施放火魔法的男子压低了声音，却更显肃杀及王者之气，"一个都逃不掉……参与了叛乱的，一个都逃不掉！"

"是呢。"黑影身后闪现出一个持弓的男子，大约和先前施放"炎•陨星"的男法师是同伙，他将十根羽箭搭在弦上，对准了那几条黑影。男弓手又淡淡地说道：

"你们的命，我收下了。"

几条黑影还未有进一步动作，破空之声乍然响起，只见金属箭头冷光一闪，十根羽箭便准备射穿了那几条黑影的咽喉，或是太阳穴。

更有头颅承受不住羽箭的冲力，猛然炸开来。比雪更白的脑浆溅了一地，和着滚落的完好眼珠，仿佛几朵绽放于悬崖的白色纸花。腥味充斥了四周。

男法师咳了咳，收了法杖："苍野，你杀戮的方式太血腥了，这儿还有位年轻的姑娘。"

约摸是叫苍野的男弓手笑了笑，低沉的男音从辰砂背后传来，"呵呵，我像她这么大的时候，已经是角斗士了。

"而，流焰，你这么大的时候，已经拿到'灵魂收割者'的称号了吧？"

"你倒是很能吹。"流焰说着，走了过来，"唔，你本来要去哪儿？"

没有人说话。沉默了一阵，他又说道："抱歉，可

能吓着你了。"此时他已站到辰砂面前，精致的黑鞋子映入辰砂的眼。

"你踩到尸体了。"意识到他是在和自己说话，辰砂盯着地面，说。

流焰微微一愣，挪开脚，蹲下来，玩味地看着一地焦黑，那萤火虫的尸体。

"这些虫子是你的玩具？……倒很有意思。"

"原本我想要一盏萤火虫风灯的。"

"那现在呢？改变主意了？"

"没有，我还是想要。不过，你让我白抓了几个小时的萤火虫。"

"会赔你的。明天傍晚，也是这个时候。至于地点……就在这儿吧。你来拿你的风灯，我会做好等你。"

辰砂想了会，"在那之前，后面那堆人尸，清理掉。"

"会的。"流焰微微笑了起来，红色瞳孔里闪过一丝幽光，"有没有人和你说过，你很有意思？"

辰砂呆住，有点尴尬。

男弓手苍野清了清嗓子，说道："还有余党没有被清理。流焰，该走了。"

后者站起来，冲辰砂挥挥手："那再见了，不知名的……姑娘。"

"等等。"辰砂忽然站起来，直视流焰，"我叫辰砂。

"还有……"她向流焰走了过去，轻轻踮起脚尖。神使鬼差地，她轻轻亲吻了他的脸颊，然后一本正经地说道，"Noblesse oblige。愿神与你并肩。"

流焰的瞳孔又闪了闪，一会儿，才说道："你是牧师？"

那是初见。已隔了五年，本也该模糊了。但，仿佛红豆生了根，它却越来越清晰，任时光荏苒，它自光滑如新。

——像一个紫罗兰似的、不老的梦。

在这名为"初见"的梦里，愈渐清晰的，是那人飞挑的眉梢，如玉的温润，及那难以磨灭的骄傲。

如此的你，竟能在五年之后，以一个施舍式的交易，换得那鲜血侵染的王位？

"流焰，难道你……"夜色更重了，四周都寂静得让人发麻。有一滴冰凉划过脸颊，辰砂仰望着苍穹，低声自语，"你

竟变了。"

前方拐角处的路灯只点染出一块极小的圆斑，大概是接触不良，灯光又闪了闪，发出"嗞嗞"的声音。熟悉的步伐忽地响起，一步一步一步，来的近了。又一阵夜风踮脚溜过，风中夹杂了少许熟悉的味道。

"你错了，辰砂。我没变，一直没变。"来人说着，走到她面前。流焰轻轻上扬嘴角，瞳孔里却是深邃的红海。"我只是懂得一些事。"

熟悉的红瞳，熟悉的笑容，熟悉的……他。

辰砂也笑了起来，恍惚间，星光全都碎在了眼里。"流焰，你怎么来了？"

流焰神秘的不说什么，只做了一个手势，让辰砂跟着他走。

"是去哪呢？"

去幻梦里，去永恒的幻梦里。

流焰回头看了她一眼，停住脚步。前面是一幢无奇的二楼房屋，虚掩了栅栏和房门，也没有开灯，昏暗暗的一片。

"这就是我想给你的。一直想。"他说着，打了一个响指。

然后，就像魔法的钟声敲了十二下，屋子亮起梦幻的灯光。室内并没有宫殿富丽堂皇，装潢也不过尔尔。但，那也是一个水晶的梦境。

一个塑料模特站立于正中，明黄高贵的衣服镶了珠宝，映着灯光，直炫人眼。项间，深蓝色的噩运之星"希望"璀璨夺目。在那塑料模特之前，一顶小巧的皇冠静静置于白色丝绒之上，顶端的那颗微微泛蓝的钻石，分明是"柯伊诺尔"。

"那是……"辰砂几乎不敢相信自己的眼睛。

"是王后的冠冕及礼服。"流焰说着，单膝跪地，将一个红色小巧的盒子放在她手心，"和我并肩吧，辰砂。"

——我想寻得光明，以黑夜赋予我的黑色眼睛。

【精灵国度　色雷斯家族　本部】

夜已深到极致，偏又下起雨来。雨倒不大，淅淅沥沥的，细如愁丝，将整个瑞加世界都笼罩其中。再过两个小时，黎明便来临。而，就是这破晓之前，黑暗肆意膨胀到令人疯狂。

一抹阴枭的淡影立于窗前，出神地望着王城通明的灯火，任由夜风刮进丝缕细雨。恍若未觉。

"族长大人。"又一人进了这厅室，冲窗前那抹身影微一行礼，"本族精英，莉莉•也比•色雷斯想见您。"

窗前的他大概看那王城看得太入神，许久，才道：

"哦。"这样虚的语气词丝毫不能让人确知他的态度，来禀告的人又不敢说什么，甚至连重复一遍也不敢，只沉默着，将头更低了下去。

雨渐渐大了起来，视野中的王城被裹于一片水雾之中。族长咳了咳，说了一句看似无关的话："纵使黑夜滋长，风雨倾天，你也守着那光亮么……"

当真以为，在黑夜中坚持苏醒的人，就有着灵魂最好的坚守么？

他转过身来，湛蓝双瞳如平静的海，没有喜怒，没有波动，有的仅仅一汪深不见底。来禀告的那人又行了一礼，毕恭毕敬。

"让她进来吧。"族长说道，以没有半点感情色彩的声音。

来禀告的下属应了声"是"，便迅速退了出去，没有弄出半点脚步声。

须臾，厅室正门，一角粉红短裙晃了下，接着，便是那清脆的少女声——

"苍野哥哥，我回来了。"

"那么。"族长挑了嘴角，淡淡地笑着，"欢迎回来，莉莉。"

莉莉·也比·色雷斯撇撇嘴，别过头去，小声嘟囔道："是'欢迎回家'，不是'欢迎回来'，苍野哥哥。"

色雷斯族长苍野挂着浅笑，不置一词。窗前的帘子湿了一角，水渍晕开了去，几朵花苞跃然帘上。厅室内焚了香，是淡淡的"白露为霜"，清雅中带着点求而不得的悲伤。

"苍野哥哥，你就不好奇，那人的反应么？"许久不见族长说话，莉莉将嘴撅得更高了，"那人的反应倒是比想象中的有趣……我先前还以为他扑克脸的说。"

"扑克脸？"似乎知道莉莉口中的"那人"是谁，他淡淡道，嘴角不住上扬了些。一如倾城的日光，在这雨夜，格外炫目，"……流焰他原来也是会笑的。很漂亮的笑。"

"唉，那是以前。"莉莉顿了顿，歪着脑袋，"我问他'夺走你所重视的所有，给你王位，你选什么'，结果他二话不说，直接开始魔法吟唱。"

"就那个'炎·陨星'的魔法。不过他还没有吟唱完，我就用'风·逆刃'打断了他的吟唱，接着是连发的'冰·霜环'。"

"他居然白痴到和我打！我原本还以为，他是知道我释放元素魔法不需要吟唱、也没有间隙的。但我后来没有杀死他，因为苍野哥哥你。

"你一定想不到他被我打到半死时候的那种眼神，啧啧，很是漂亮呢，像代表复仇的红色猫眼石一样瑰丽。流焰他几乎是咬着牙对我说，迟早我会杀了你。"

"他也真是健忘，居然忘了，该被杀的，应该是他才对。那时候他还是想要挣扎。可，我厌烦了看他挣扎，很没水准的。于是——我就在他耳边轻轻说了句话。"莉莉掩着嘴笑着，细小的尖牙隐匿于黑夜中，"所以，后来，他才接受了我原先提的那个——交出他所重视的所有，给他王位。也真是的，早点接受不就好了么？好浪费我时间呀。"

"哦，你让他交出了什么？自尊还是……？"苍野冷声问道。

莉莉娇笑一声，水汪汪的大眼眯成了两瓣弯月："不仅仅自尊哦。我让他做……那种东西，做到他有能力推翻我们'色雷斯'。"

"那种东西？……你真狡猾，莉莉。"苍野会意地笑了起来，"你在他耳边，说了哪句话，能够让他放弃挣扎？——我记得他原来骄傲得令人讨厌。"

风猛地强烈起来，湿了一角的窗帘被哗一声掀起，雨水洒上案头白纸。灯罩内的烛火跳动了下。

莉莉凑近了去，踮起脚尖，附在苍野耳边，轻声说着。樱红的小嘴一张一合，清脆的少女声如同魅魔，讲述着夜的黑暗。

"我和他说……"

案头白纸哗啦一声飞了起来，台灯也因为风力摔在了木质地板上，玻璃灯罩碎了一地。仿佛地震，木柜也摇动了起来，发出刺耳的噪声。

莉莉的那后半句话没能听得清，但苍野也猜到了十分。

一个邪邪的笑容宛如曼陀罗，绽放于苍野嘴角。

"做得好，莉莉。

"我该怎么，奖励你呢？"

"嘻……"少女挺直了身板，又凑了过来，拉起苍野的手，指向王城，"我只想要苍野哥哥——君临天下。"

——长河落日。我又能从哪敛回时光碎屑。

【瑞加王城　大教堂　加冕典礼】

天边泛起一丝鱼肚白。"是黎明要来临了。"天夜明喃喃自语。昨夜并非晴空，或许破晓来临之时，空中密集的云朵会是一半明澈、一半黑浊，仿佛光与暗的临界。

这又昭示着什么呢？

天夜明笑了笑，一回头，便看到天柒跟了出来。离日出还有些时候，天很凉，风又一直轻吹着，天柒正要拢拢微卷的银发，却被凉风撞个满怀，她不由得打了个寒颤。

"你怎么跟出来了？"天夜明说道，带着如春风的笑，"外面凉了些。"

天柒望了望他，低下头，犹豫了一阵，唤了声："天夜明……哥哥。"

"嗯？直接叫我的名字就好。"他说着，又低头大致检查了一下背包。

"哦……你要去哪儿？"天柒哆嗦了一阵，忙用手捂住嘴，但，"啊嚏……啊嚏，啊嚏！"

"感冒了呢。"天夜明笑着看了看她，继续检查背包，歉意的笑挂在唇角，"你快些回去吧，我去教堂，砸个老朋友的场子。"

"也？砸场子？……那不太好吧。"

"好于不好的分界，又是什么呢？现在看来不好的事，也许在以后被看作是好的。"背包已确认，天夜明轻声吟唱，召唤出魔杖四方魔晶。

"我能和你一起去吗？我是牧师呢，虽然是个半吊子的。"

"这家伙倒还很崭新……"检查完武器，天夜明又对天柒说："你是牧师？那回去吧。"

"哎？"天柒猛地抬起头，愣住。一会，又垂着眼，细声细气地说，"我不会妨碍你的，请让我跟着你……"大约是沙子进了眼，天柒用手揉了揉，"我哥哥、原来也……不让我跟着他，后来，哥哥没有再回来了……我就连哥哥的尸体……都找不到了……所以，我很、很害怕，害怕那个……"

闻声，天夜明注视着他，黑色的凤眼似乎藏匿了暖光。他又冲她笑了笑，带

着点恶作剧得逞的狡黠："我的意思是，让你回去加件衣服，我等你，一起走。"

久违的日光洒满大地，光线氤氲，大教堂也似乎被镀上神的圣光。仿佛象征神之恩泽的天马翱翔天际，四周薄如蝉翼的翅膀高插入云，一排排列开去，气势磅礴。

AM 8：00。

教堂前的广场极为宽敞，可出席加冕典礼的人太多，这样大的广场竟也显得小了。日光倾斜下来，神职

人员饲养的鸽子"哗啦"一声，扑闪着翅膀飞上云霄。神甫将神权法杖高高举起，宣布精灵国度的新国王加冕典礼正式开始。

红地毯自台阶之下，铺至教堂。礼乐声空空然响起，礼炮响了十三发。

精灵国度第十三任国王，流焰•千羽携着王后——辰砂•天宫——顺着红地毯，一步一步走了上来。辰砂一脸肃穆，流焰微笑着向出席者致意。走至尽头，神父俯了俯身，极为礼貌却又缺乏恭敬地叫了声："国王，王后。"

辰砂的瞳孔闪了闪。流焰点了点头，算是致意。一旁的神职人员递过国王权杖，神父接过来，高举着，由圣女向权杖洒上圣水。

"神佑新君。"神父向着高空祈祷，完毕，便将国王权杖递与流焰。神父又从圣女手中接过王后佩戴的神之尾戒，正要递与辰砂时，流焰忽然伸出手，不着痕迹地将那枚戒指拿了过来。侧头望了望辰砂，流焰拉起辰砂的手，将那枚象征高贵纯洁的神之尾戒，套在了辰砂的无名指上。

"你……"辰砂小声地说了句，只两人听见。

"这样才稍微像个婚礼，不是么？"流焰淡淡笑了起来，言毕，转过身，面对众多主席者。

流焰将辰砂的手放在国王权杖上。在众人看来，那便是国王与王后共同持着象征权力与秩序的国王权杖。

权杖高举，流焰开口，吐出新君即位的第一个词："光明。"

顿了顿，他又接着道："过去已虚无，未来又太模糊。只有可以抓住的现在，只有在现在，在那无岸之滨，我们终会寻得，期盼已久的光明。"

流焰的红瞳宛如一对红宝石，在清淡的日光里折射出奇异的光。他竟幽幽吟唱起——

"我曾为自己开辟一条小径/通过西方的天际/象一个神；

我曾追随他的脚步/而由于他的神通/赢得永远。

天与地间的大门/就敞开着/我的路径欢畅；

欢呼/每一个神明/每一个灵魂；

我的光/从黑暗中闪亮。

我走进去/象一只鹞鹰/我走出来/象一只凤凰，

那黎明的星/在那美丽的世界/荷露斯的灿烂的湖边/白昼高升。"

一片寂静，辰砂也不解地望着流焰。

几秒之后，混在众人当中的天夜明终忍不住低估道："他到底在想什么！竟然在国王加冕典礼上，吟唱这种东西！"

天柒愣了愣，拉了拉他的衣角，"那是什么？"

"是亡灵书！他竟然……念这种晦气的东西！"天夜明压低了声音说道，打了个响指。接着，他冷冷一

笑，"我们这么默契么，流焰？那——我也帮着你砸场子吧。"

天柒也悄悄召唤出静海权杖，诺诺地问："我……我可以帮上什么吗？"

天夜明回头看了看她，给了她一个别有深味的眼神："也没什么。你注意着自己就好了。"

"啊，好。"她的话音还未落，天夜明已冲天而起。他的速度几乎是光速，只见身影一闪，空中便多了一只银龙。天夜明正驾驭着这庞然大物，魔杖四方魔晶指向前方。他笑了笑，似是不经意地说："螺旋交响曲，开始。"

还未等众人有所反应，教堂所在的小浮空岛忽然颤了颤，蜂鸣声覆盖了这方天地。教堂四周的机械薄翼，竟振动起来！带动着整座浮空岛，一点一点加速，直升入高空。天夜明驾驭着银龙，飞速闪到了更高的云霄。

辰砂放开了流焰的手臂，刚要召唤出极电权杖时，整座浮空岛，居然飞速旋转起来！

"别怕。"站稳了身体，流焰握紧了她的手，后又放开了，瞬间召唤出魔瞳权法杖，就要冲天而起。

"你以为，我会让你有冲上来、与我对打的可能么，流焰？"天夜明微笑着，转了转魔杖。

"竟然不能召唤出飞行器！？"辰砂惊声，冲着高空中的天夜明，"怎么可能？你如何能够做到？"

天夜明不语，看着底下一片混乱，微微笑着，着手"幻象恐惧"的释放——

"本象对立之面，我向您歌唱；

"安仁对立之面，我向您祈祷；

"永生的暗夜，穿透神光——"

离吟唱结束只有一句，就在此时，天空中突然多了某种机械蜂鸣，不在他掌控范围之内的蜂鸣。几乎没有反应时间地，另一魔法的光泽在虚空中闪了一下，归于虚无。但这并不代表它没有存在。

天夜明接着道出最后一句吟唱："给予您的子民，以无边的审判幻想，与空虚恐惧！"

吟唱完毕，没有一个魔法释放开来。天夜明诧异地看向了空中，"封魔结界？"

一个少女娇笑声蓦地传来，流焰不由浑身一震——

"咯咯……色雷斯家族族长·苍野，率全族，前来支援！"

辰砂忘了一眼苍白了脸色的流焰，又看了看银龙之上的天夜明。她当然不知道，那位说话的少女，是何等人物。

——那是，莉莉·也比·色雷斯。

——让血与火，拉开这绝无仅有的华丽盛宴。

【西部郡　本镇】

AM 10:31。

渐渐强烈起来的日光，使得屋内的尘埃暴露无余。

"呼……我腰都酸死了。"将重物放下后，少女伸了个懒腰，"搬个家原来也这么累人！没天理！"

管理员小姐顺手帮她提了几个包过来，微笑着："找与物流相关的家族不就好了？价格也比较合理的……你的包我放这里了？"

少女回头看了看，"啊，好，就放那里吧，谢谢你啊。"床具倒是齐全，她一下子倒在上面，舒展了四肢，"那种价格也叫'比、较、合、理'？那些混蛋！破资产阶级家族！肯定和夏洛克上辈子，哦不不，和夏洛克是嫡亲！"

管理员小姐按照惯例给了她一份管理细则，"你有时间看下细则吧。我就在楼下哦，有事没事都可以找我。"说着，做了一个可爱的星闪POSE。

"啊啊，走好。"少女勉强将手举起，冲管理挥了挥，依旧倒在床上。大约是真的累了。管理员小姐微微笑了一下，走的时候顺手关上了门："好好休息吧。"

房间倒是早已扫干净了，旅行箱中的东西还未拿出来，显得屋子空空的。隔壁是一位养着一堆猫的老婆婆，她家的猫时不时甜甜叫两声。也幸好是白天，不然在黑夜，那绝对可以灵异得让人头角发麻。

忽然，一声空灵的呼唤忽然在屋内响起，没有一丝预兆。

"听。"

床上的少女翻了个身，嘟囔一般道："谁啊？本姑娘现在累得很，没工夫招待你，你要干啥就干啥，要抢劫就抢劫好了……钱包在那……"

"我、是，辰砂……"那声音弱了下去，带着剧烈的喘息声。房间的木门被轻轻敲了一下，那声音又说道，竟是虚弱无比，仿佛受到了致命创伤，"我……你，你救救，救，流焰……吧……"

"本姑娘不认识流焰和那劳什子辰砂！"叫听的少女又翻了个身，将手捂住了耳朵。顷刻，她猛地睁开眼，几乎从床上弹跳起。听的眼睛瞪得极大，几乎成了铜铃眼，"等等，你说你是辰砂？"

门外的声音喘息了一会，才断断续续地说："居然，你……你、听不出，我的，声……音？"

"啊辰砂姐我错了我真的错了我从小就敬重辰砂姐您的您不能生我气啊千万不能和我冷战不然宁烨那死女人会扒了我的皮戳着我的脑壳说我又惹你生气要我去王城学青蛙跳还要举着白旗说我是呆子听我有罪辰砂姐我认错我打从一开始就不该冲您发脾气我现在就把门打开……"条件反射地噼里啪啦说一堆，少女终于进入了正题，但是，"……咦？这门怎么……先进过头了吧？"

门外的那人苦笑着，喘息的声音更重，也更频繁了。大概那个叫"流焰"的男子也在门外，男子特有的呼吸声极为清晰。

昕快要满头大汗，外加黑线一堆。她反复转动着门把手，但门依旧无法打开。她急了，一声粗口直接爆了出来："X他的，谁发明的这种破门？本姑娘迟早挖了他家祖坟！"

说着，昕蹲下来，准备卸了门锁。一滩血迹沿着门缝渗进屋内，殷红，一如那妖异的彼岸花。血流渗入的速度极为可观，昕又被吓了一跳。这样的出血量，只会是大动脉被削断了三分之一以上！

"辰砂姐，你和你小男朋友挺住啊……我这就把门砸开！"昕砸了门锁一下，又接着砸第二下，第三下……可门锁依旧完好，倒是她的手红肿了。她几乎要哭了出来。断断续续地召唤出了光耀之翼，瞬间释放了一个破坏性极强的魔法。

魔法的光辉闪了闪，居然还未成形，就已泯灭。"这门居然有'封魔结界'？"昕扶了扶红猫眼睛，"我真该讴歌神，让魔法防盗技术进步得如此之快……这门也太先进了吧？"

"用，暗属性……的，的棒子，试……"辰砂挣扎着说了一句，"快，快一点……流焰，就要、撑、撑不住……"

自门缝渗进来的鲜血，已触及昕的鞋尖。"辰砂姐你们千万坚持住！"昕大叫起来。可她对那破门彻底没辙，急急转了转眼转，一扇完好的窗户在眼前一闪而过。

"门我没办法砸开！我跳窗户！"话音未落，昕将手中的光耀之翼甩了出去，冲着玻璃窗户疾驰。

意料之中的玻璃碎裂声并没有响起，光耀之翼似乎砸在了一堵看不见的墙壁上，在距玻璃不过二寸之处，被弹开去。

"破玻璃窗也有'结界'？……我的天，多先进的魔法防盗窗……"昕接住弹回来的光耀之翼，皱了皱眉。转眼，她叹了口气，"辰砂姐，我放'瑞加禁术·九字真言'了哦。大概会伤到你吧？不过你不能去告诉宁烨，否则我会死绝的。"

门外什么反应已经昕听不清楚了，昕将光耀之翼收了起来，迅速结着上古手印。屋内无端有了气压差，横冲直撞的气流撩起了昕的水手服裙摆。她闭上眼，按着特定顺序变换着手印，吐出九字："临、兵、斗、者、皆、阵、列、在、前！"

光华蓦地炸开来，碎碎散散，仿佛是星辰落在了大地，每一片都璀璨夺目。气流惊起了尘埃，而这光又在转瞬吞噬了它。待到昕睁开眼，面前的墙壁，包括门和窗，已经在那禁术魔法的辉光中消失了。不仅仅如此，

以她为中心，半径五米之内的事物，都蒸发般消失。当然，也包括她自己的旅行箱……

"辰砂姐？辰砂姐？没事吧？"放眼望去，四周竟无一人！昕探了探头，又一次推了推红猫眼睛，"你在……哪儿……呢？辰砂……姐？"

一片死寂。日光照彻了整个房间。

似乎有面镜子，镜子折射出的强光闪过昕的眼睛。她不禁抬手挡了挡。

就在此时，一只冰凉的手抚上她的脖颈，尖锐的指甲划破肌肤。一个陌生的女声，乍然响起，在耳侧——

"嘿，你真好骗……"

昕不由打了个冷颤。——这声音！不是辰砂！她动了动嘴唇，想要说些什么，那人又收紧了手指，指甲几乎贴上了昕的大动脉。

"不准你说话哦。"那个陌生的声音又说道，"你很喜欢你辰砂姐呀？装装她就能骗你出来……真傻呢。"

她又顿了顿，凑近了昕的耳朵，"你说，把你交给神父裁决的话，会拿到多少赏金？你·可·是·会·瑞·加·禁·术·九·字·真·言·的·大·鱼·哦！

"不过——我信奉恩慈之神，不会强迫你的，给你自己做个选择吧。"

"你是要选择被送去神父那呢？……还是选择和我、我们'色雷斯'合作，做'色雷斯''乖乖的'傀儡？"

"我只给你，一秒钟的选择时间。"

——以荆棘，斩断荆棘。

【瑞加王城　大教堂】

"咯咯……'色雷斯'家族族长·苍野，率全族，前来支援。"莉莉掩着嘴笑了笑，笑得很邪。两艘庞大的空艇停在空中，艇上黑压压地站满了"色雷斯"的族员，族长苍野立于艇首，距离不算近，流焰只见得他那飞扬的黑发，隐约淡漠的神色。

莉莉·也比·色雷斯将手往虚空一抓，她那根奇怪的法杖立即被召唤出来。她侧过身，提着裙子，冲身边的苍野略一行礼："族长大人，让我为您铺坦荆棘之路吧。"

接着又冲"色雷斯"部众一扬法杖，一缕微波的日光正正照在莉莉脸上，有一半便处在了阴影里，"为'色雷斯'荣誉而战！为梦想而战！为霸业而战！"

壮如山洪的呐喊跟着响起，色雷斯众部员高举着武器。放眼望去，竟只见金属冷光，而不见人身。

"噗——"天夜明忍不住冷笑，转了转魔杖，望着

苍穹叹了口气，"势倒是很浩大，就是不知道底气足么……"

要知道，他的杀招可并不仅仅是一曲"螺旋交响曲"。

似乎听到他的叹息，苍野侧头望了他一眼。漆黑如墨的双瞳闪着促狭的神色，他低了头，在莉莉耳边低语了一句。莉莉身形僵了一下，转过身来，也扫了一眼天夜明。

"放心吧，苍野哥哥。"她笑着低声说道，玩味的笑挂在嘴角。

"流焰。"辰砂唤了一句。辨不清空中的局势，焦躁占据满了辰砂的思绪。她竟然也有些轻微的不知所措，"上面……没事的吧？"

流焰回头看她，伸手正了正她的王后冠冕，淡淡地笑起来："没事的，上面有苍野。"

辰砂皱了皱眉，依旧一脸担忧："我不太明白啊……原来，就是'千羽'还在的时候，你和天夜明……你们不是固执地要扳倒'色雷斯'，让苍野下马吗？怎么，怎么现在是你和苍野一起？怎么成这样了？"

他的瞳孔黯了黯，随即又明亮起来。长叹一口气后，流焰平静地说："我还以为你明白了。之前就说过的，我只是明白了一些事。"

"那……"辰砂还想再说些什么，教堂所在的整座浮空岛，居然停止了旋转与上升！

众人吃了一惊，压低了的呼声还未脱口，天夜明的声音便清晰入耳——

"任务代号：预言诗。指令：飞升。"

将你们的命运，交给神吧。

天夜明已驾驶着银龙飞至一旁，尾音依旧在空中振动着，整座浮空岛，在静止了数秒之后，忽然急速冲入高空！

那速度几乎超越了光！

尖叫声顿时响起，充斥着这方天空。原先的加速上升，人们尚且能够站稳，即使浮空岛旋转起来，也有些能人能够站稳。但……这一次，连流焰与辰砂，都再也稳不住身形。

整座浮空岛向着高空中的"色雷斯"空艇冲去，教堂尖顶撞上了空艇底部，一声崩裂，尖顶的十字荡然无存，"色雷斯"的一艘空艇也被戳出一个巨大的窟窿。

空艇剧烈地摇晃着，艇上族员反复召唤着各自的飞行工具……但，没有一个人成功。

——在封魔结界里，任何魔法类的召唤都是徒劳。

这是作茧自缚呢，别称"龙之爪牙"的"色雷斯"。

"居然来这一手？"苍野在一瞬间腾空而起，没有飞行工具，却直冲入高空中。紧接着，凌空持弓，抽

箭，搭弦，这一系列的动作只在眨眼间完成，黑瞳闪过一丝决绝，"来而不往非礼也！"

一支羽箭疾驰而过，拖出的幻影将苍穹一分为二。破空之声淹没在了尖叫声、崩裂声中，几不可闻。

"！"危机感猛地袭击了天夜明，他刚一转头，便看到那支势如破竹的羽箭。迅速估计了它的走向，他立即掉过头，驱使银龙极速冲那支羽箭飞去。

那支羽箭，瞄准的，是教堂广场上一个颤抖的女孩——夭柒。

"你托大了，天夜明。"苍野笑着，又将全部的羽箭都搭在了弦上。另外那艘空艇已被教堂顶穿了，石质或是木质碎屑随着尘土，砸在了教堂前的众人身上。

天夜明又一次催促银龙加速。他已飞驰至广场上空。庞大的黑影笼罩了广场，夭柒想抬起来头，却又被尘土迷了眼睛。教堂正门旁，流焰将国王披风迅速解下，罩住了辰砂。他微微咳嗽着，对着虚空苦笑。

"啪"一声，魔杖四方魔晶格开第一支羽箭。天夜明挑衅似的看向放箭的苍野，眼神中尽是蔑视。

全部的羽箭都已搭在弦上，黑漆的箭头宛若一簇美丽的血珊瑚。"那么，说再见吧。"苍野冷声说道，薄薄的唇挽出罂粟般的笑。

这次没有破空之声，没有幻影，只是简单的放箭手势。而那些羽箭，全都泯灭了轨迹——因为速度快得肉眼无法识别！

无声无息，无懈可击。

天夜明苦笑了一下。他小时候曾问他师傅，什么样的技能才算得上绝招。师傅伸出食指，摆了摆，笑着回答道，所谓的绝招，并不是什么特别的招数，它只是将普通的技能，练到了绝境——至此方可谓之为，绝招。

似乎了解主人处境，银龙嘶吼一声，将双翼伸张到极致，试图用自己的身躯抵挡住所有看不见的羽箭。

金属扎入肉体的声音刺激着耳膜，仿佛无止息的风暴雷鸣，响彻了脑海。

鲜血染红了银龙纯白的毛发，银龙又嘶吼一声，用尽了全身力气，冲向"色雷斯"的空艇。双翼扇动引起的气流贯穿了空艇。

"射它眼睛！"不知是谁喊了一句，空艇上的弓手门纷纷搭箭，放弦，羽箭多的像张开了一张巨大的铁网，只等着银龙与天夜明的钻入。

"龙！龙！"天夜明抱了抱银龙的脖子，银龙呜咽了一声，悲鸣几乎要震碎耳膜。它抬起了头，使天夜明完全处在它的庇荫下。

"放火箭。"苍野说。

零星的火灼烧着银龙的白色毛发。慌乱中，几支羽箭准准射入银龙左眼。大概是知道死亡临近，银龙低吼一声，转头看了看它的主人。银龙的左眼，已是血泪一片。

（待续）

女神之歌

心动舞台

楔子 瑞加历884年

乌云一朵朵地盘踞在低低的天空，没收了所有的阳光和本该属于它的湛蓝，迷蒙的烟气在更接近地面的地方缭绕着，贫瘠龟裂的大地上布满了血迹。残损破裂的兵器，无数具毫无生气的尸体交叠甚至纠缠着，几乎触目惊心地铺满了整个瑞加大陆。

人类与魔族的战争，以人类的获胜告终。虽说是获胜，却也失去了千千万万的少年骑士，人们不敢再去想象这样的代价是否太过庞大，只能祈求从今以后，瑞加大陆能够永无战事，重新化为一片安宁的乐土。

战后的平原上一片死寂，似乎再也没有一个喘息的声音能证明他是存在的生命，唯有缭绕厚重的烟气祭奠着所有牺牲的亡灵，静静地飘动勾勒出一曲沉痛的安魂挽歌。

悄悄地，一抹湿润从乌云的缝隙中潜然落下，渗进了干裂的空气。

一滴，两滴，渐渐汇聚成缠绵的雨丝，沙沙的声音如大提琴低哑的独奏。

沁人心脾的甘泉在这贫瘠的大地上蔓延着，干渴的泥土几乎吸收了所有的水分，变得丰盈润泽，地面上也渐渐开始有了小小的水坑。

……

滴答。

滴答。

……

是什么声音，一下一下地敲打着他仍未沉睡的心灵。

……

滴答。

滴答。

……

少年吃力地睁开双眼，雨水一滴滴地敲打在他的头盔上，甘甜的雨露顺着他的脸颊滑进干裂的唇瓣中。

然而，再多的雨水也无法扭转一个注定成为悲剧的命运，就算再次醒来又怎样，他的视线已经不再清晰，就算依旧能呼吸又怎样，他的生命已经随着从他伤口中涌出的血液悄悄地流失。

"弥娅……"苍白的嘴唇不甘心地碰出一个花朵一样的名字，这样微弱的呼唤又怎样才能传达到他心上人的耳畔。

他似乎能够看见，她站在城门口翘首期盼着他凯旋归来；他似乎能够看见，她脸上焦灼的表情和期待的眼神。

他不敢去想，假如她在回城的骑士中无法找到他的身影，那将会是怎样的痛彻心扉。

意识模糊间，一声轻轻地叹息混进他蒙眬的听觉，混合着雨声，那样的不真切。

他吃力地撑开双眼，眼前恍惚有一个人影，正慢慢朝他走近。

那个身影脚步轻盈，仿佛每一步都是踏着水汽而来。她透明飘逸的海蓝色群裾在地面上柔柔地拖曳着，却未有半点沾湿。

"可怜的孩子。"她弯下身来，温暖的手指轻触他的脸庞，声音低柔似自语，"魔族虽然溃败，但魔族的首领在消失之前为瑞加大陆的人类施下了一个无法解开的诅咒，如今这战场上只剩下你一个残存的生命，我能够做的只有赐予你永久的生命以换取瑞加大陆上所有人类的重生，你愿意背负这沉重的责任吗？"

随着她的碰触，他的视线忽地明晰起来。

在他的眼前，那个女子的周身散发出淡淡

的海蓝色光芒，如神一般让他无法直视。

那是……一直守护着瑞加大陆的瑞加女神吗？

他想要活下去。

他想要延续他的生命。

为了那个"一定会归来"的约定。

"我……愿意……"嘶哑的喉咙挣扎着说出这句断续的话，他原本涣散的眼神渐渐地有了焦点，求生的执著让他的眸光分外的明亮。

"我不是医者，我无法为你疗伤，也无法让你作为一个正常的人生活下去。赐予你永恒的生命，也只是为了与那样强大的诅咒对抗……"她的声音里有着歉疚的成分，语气渐淡，唇线带着一抹苦笑的圆弧，"永恒的生命，是连我也不想要的东西……假如身边在意的人全部都离开了，只剩下自己孤零零的一个……那是何等痛苦的一件事。"

"我……要活……"他执拗地重复着，僵硬的手指努力地想要抓住她的裙角，血沫随着他剧烈的喘息从他的唇边涌出。

她沉默了半晌，才缓缓地站起身来，闭上双眼，轻挥双手。宽大的袖子在湿润的空气中舞出海蓝色的波涛，莹蓝的光芒包裹住他重伤的躯体，他蜷缩着闭上双眼，在这海蓝色的茧中仿佛初生的婴儿。

"请你记住，这不是天赐的恩惠，而是沉重的责任。"她再次重重地叹息，手心里赫然出现一把银色的七弦琴，"它是我给你的解脱和救赎，请千万要保管好，等到瑞加大陆需要你的守护时，就兑现你的承诺吧，解救瑞加大陆和所有无辜的生灵。"

她的身影消失在茫茫的雨雾中，他在海蓝色的时光之茧里静静地安睡。

银色的七弦琴在他的手边流转着微弱美丽的光泽。

假若醒来。

在他的眼前，是否会是一个百花盛开的春天？

Chapter 1　瑞加历983年

日月流转，黑夜被光线稀释成了薄薄的云彩，初升的太阳照耀着瑞加王城，金色的光华暖而不烈，仿佛是天空暖暖的笑容。在这个被称为"阳光之城"的小城里，人们安逸的生活着，忙碌着，而今天亦不例外。

像过去的无数个早晨一样，天光微亮，早期勤劳的人们便聚候在市集，等待着外地商人到小城来摆摊。早到的便可挑选到最新鲜的蔬菜水果，最称心的衣裙或武器。

距离市集不远便是一成片的住宅区，色彩鲜艳造型

各异的砖瓦房掩映在绿树红花当中，分外的亮丽可爱。

"葵——纱——姐——姐——快点下来吃早餐噢！"

一幢有着烟囱的红砖小房内，一个约莫十四、五岁的女孩穿着白色的印花围裙，叉腰站在楼梯口朝楼上大喊道。

铺着方格子花布的餐桌上放着两杯热气腾腾的牛奶，金黄香脆的烤面包夹着煎蛋和香肠。营养又美味的早餐不禁让人食指大动，可是被叫的那个人却依旧没有因为这诱人的香气而就此现身。

"真是的。"女孩撅起了嘴巴，放下锅铲跑上楼去，把楼梯踩得咚咚作响。

她毫不客气地推开卧室的房门，两三步冲到床边，很用力地把被子一掀。

"太阳晒屁股……"一句话没说完便卡在了喉间，因为她发现床上并没有人。

女孩困惑地挠了挠头，转念想了想，双眼忽地一亮，仿佛明白了什么，连忙上前几步走到窗前，拉开了窗帘。

推开木窗，属于清晨的清新气息迎面扑来，窗外正对的便是家后的小花园，泥土的芳香混合着花叶的馥郁沁人心脾，她的心情不禁舒畅了许多，低头朝下望去，她要找的那个人果然在那里。

"葵纱姐你这个花痴！"她做着鬼脸冲那个人影大喊着。

闻言，那个一直蹲在地上摆弄着花草的少女终于抬起头来。阳光瞬间洒进她晶亮的眸子，她唇边的笑意仿佛沾染上了花露的清香，白皙的皮肤上泛着健康的红晕。

"百姬，你越来越没大没小了噢。"葵纱拍了拍手上的泥土，用手背轻轻地沾了沾带着点湿气的额头，站起身来。

"吃早饭啦。"百姬皱了皱鼻子，"我叫了你好几声呢。"

"对不起对不起，我这就来。"葵纱恍然大悟般地吐了吐舌头，双手合十，俏皮的歪着脑袋道了声歉，便朝屋子里走去。

几分钟后，姐妹两人终于同坐在餐桌旁，分享着美味的早餐。

"昨天晚上下了好大一场雨呢。"葵纱一边吃面包一边说道，"幸亏我今天早上救得及时，否则前几天刚种下去的郁金香球根就要泡坏了。"

"姐，在你的人生中就没有什么事情比花更重要了吗？"百姬重重地叹了口气，"做你的妹妹真

不如做一朵花来得划算啊。"

"百姬，怎么会呢！"葵纱笑嘻嘻地喝了一口牛奶，"如果没有你这个能干的宝贝妹妹，我可就吃不到这么美味的食物了。"

"原来还是食物比较重要。"百姬再次夸张地哀叹一声，眼底却是狡黠的笑意。

"……不是的啦。"葵纱有些着急了，连连摆手想要解释。

"哈哈哈……我是跟你闹着玩的。"百姬终于忍不住笑出声来，"姐，你真是太好骗了，这样不行噢，若是出门的话很容易被人欺负的。"

葵纱的表情这才缓和下来，她佯怒地白了百姬一眼，说道："所以，为了不被人欺负，我以后还是跟花做朋友就好了……"

"姐，我突然想起一件事。"百姬眨了眨眼睛，打断了她的自说自话，"你刚才从花园回来，是不是没有洗手？"

葵纱停下咀嚼的动作，放下面包看了看自己的双手，点了点头道："好像是没有。"

"啊，你竟然敢用那双沾满泥巴的手拿面包吃！"百姬惊诧地盯着盘子里已经被葵纱啃了一大半的面包，"这下好了，多少泥巴被你吃进肚子里了？！"

"这有什么。"葵纱站起身来，嘴上说着没什么，却仍是乖乖地走到水池旁把手洗干净，接着坐回桌旁，拿起面包继续津津有味地吃着。她笑眯眯地补充道，"反正我的花儿们也是天天靠着那些泥巴长大，吃点泥土说不定还有益身体健康呢！"

"哎，看来那家伙说得真是没错，姐姐真是个花痴。"百姬摇着头，百般无奈地吃着自己盘里的煎蛋。

"那家伙……"葵纱的表情滞了一滞，若有所思地低下了头，随即便双眼一亮，急切地向百姬求证道，"今天是不是那家伙回来的日子？"

"你现在才反应过来啊？"百姬倒是悠闲地喝着牛奶，抬起手轻飘飘地往墙上一点。日历上，今天的日期赫然被一个红圈圈住，葵纱暗叫不好，连忙丢下手上的面包，头也不回地跑出了客厅。

"等我回来再接着吃——"一句气息不稳的话伴随着惊天动地的关门声从玄关处传来，百姬倒是不为所动地继续吃着煎蛋，唇边不由自主地游出一丝不易察觉的窃笑来。

"啊啊，我认了，这辈子我在姐姐的心目中也只能排行第三了。"她一边打趣般地说着，一边站起来将空了的盘子收拾进洗碗池。

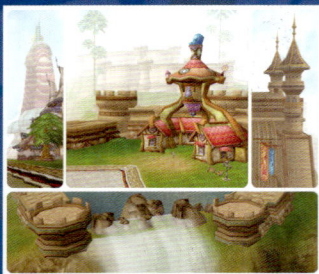

脚下松软的青草触感让葵纱的脚步轻盈了许多，她的双手提着裙摆，急急地朝城门口赶去，她无法分辨自己越来越快的心跳是因为跑得太快，还是因为太过兴奋紧张。

离开了半年……终于……那家伙……那家伙要回来了！

她脸上的笑花无法抑制的越绽越大，明媚灿烂得仿佛是海中的矢车菊，连太阳都不舍得移开视线。

踏上了宽阔的海之桥，城门终于近在眼前，可是那聚集在城门前的群众也多得让葵纱咋舌，她不禁放慢了脚步，想看看是否有什么空隙可以让她偷偷地钻到人潮的最前面去。

"不要挤不要挤，开城门了，大家让一让，请有秩序地排到城门的两边！"看守城门的卫兵们不厌其烦地劝说着拥挤的人群，也许是因为他们耐心的态度，大家也纷纷配合地退到了城门的两侧，满怀期待地等待城门的开放。

在人们热烈的谈论声中，两个卫兵走上前去，合力将高大的城门向两边拉开，千万束属于东方的灿烂光线毫无保留地倾泻进所有人的视线，由远及近的马蹄声将人们的兴奋推到了最高点。

"瑞加皇家骑士队回来了！"不知道是谁首先呼喊了一句，随即牵引出了更多的欢呼和尖叫声。人们用力鼓掌，许多人还把自己的帽子抛到了空中，女孩们急急地想要挤到队伍的前面，期望能一睹骑士们的英姿。

"这次皇家骑士队真是功劳不小，不仅打退了顽固的精灵族，还收回了北边的紫枫雪地呢！"一位原本在旁边卖水果的大婶也乐呵呵地跟大家挤在一块凑热闹。

"可不是吗，这批年轻人是初生牛犊不怕虎，个个都骁勇善战，有他们在，我们小城就像被神守护着一样。"旁边的众人纷纷点头附和道。

葵纱奋力地瞅准了人群中的空隙往前钻去，好不容易挤到了队伍的最前面。就在她站稳脚步抬起头的那一刹那，一匹黝黑的骏马首先跃进了她的视线。往上看，一个戎装的骑士英姿飒爽地骑在马背上，他修长又不失健硕的身形，炯炯的双眸和那含着自信笑容的双唇，立刻俘获了在场一大片女性的芳心。

"骑士队长！是兰伊塔，骑士队长兰伊塔！"少女们激动地喊着，纷纷上前为他送上象征着荣誉的花冠。城门上的礼炮纷纷鸣响，将气氛推到了最高潮。

与兰伊塔并驾齐驱的是皇家骑士队的副队长狄亚斯，

虽然他不苟言笑，冷若冰霜，但那神赐般英俊的面孔和赫赫的战功还是为他赢得了不少的人气。

葵纱的视线并没有在骑士队长们的身上作过多的停留，而是急切地向更远的地方伸展而去，眼看着一个个骑士走进了城门，接受着大家的祝福和赞誉，而她想找的那家伙，却不知道躲去了哪里，怎么也找不到。

"请问，这次皇家骑士队出征有人伤亡吗？"葵纱收回目光，竭力地想要压下脑海中的坏念头，可还是急切地向旁边的人询问道。

"当然没有，这就是这个年轻的骑士团厉害的地方啊。"一个老人笑眯眯地回答道。

葵纱这才放下心来，也不禁嘲笑自己想得太多。她正想继续伸长脖子往前看时，忽地一只大手猛地伸到了她的眼前，几乎遮住了她全部的视线。

"喂，花痴，你看哪里呢？"带着朗朗笑意的少年的声音，沾染着一丝长途跋涉后略带疲劳的沙哑，却依旧如提琴的第四弦一般悦耳动听。

葵纱的心重重一跳，立刻抬起头来，顾不得头顶上晃得人眼花的太阳光线，用力地睁着眼睛想要看清面前那个高高地坐在马上的少年骑士。

因为逆光，她看不清他的样子，也许是因为光线太过刺眼，葵纱只觉得眼眶发热喉头发堵，想说什么却说不出来。所以，她只能呆呆地仰着脑袋，维持着那个瞪着双眼的姿势。

她不知道自己此刻的表情真是白痴极了，可在某人的眼里依旧是分外的生动和可爱。

骑士队伍依旧在缓慢地行进着，因为他的暂时停驻，有不少捧着花冠的少女拥挤到葵纱这边来，将她挤得连连后退，险些一个趔趄摔了跟头。

他连忙弯下腰，伸出手臂直直地递向她："花痴，上马，这里不是说话的地方！"

"啊？"她一愣，却还是条件反射般地抓住了他的手。

宽大温暖的手掌，掌心有因为拿剑而磨出的薄茧——是她最熟悉的那双手。

还未等她的唇边酝酿出一抹安心的笑来，那来自于他手臂的力量就一把将她拉上了马背。葵纱不雅地横趴在马背上，正想起身抱怨，他便坏笑着用力一甩缰绳，骏马立刻扬起了蹄子往前一路小跑奔去，她惊吓的颤音伴随着人们的惊呼声拖曳出长长的轨迹，其中还混合着他爽朗的笑声。

风一阵阵地擦过耳边，小巧的马蹄轻快地跃着，眼前的青石板路已经不知何时变成了青草地，葵纱甚至能闻到清晨草叶上露珠恬淡的清香。

"洛棠——"因为那憋屈的姿势，葵纱只有苦着脸小声喊着，"快停下，我的早饭要吐出来了！"

闻言，洛棠猛地一拉缰绳。马儿高高地扬起前蹄刹住了脚步，葵纱顺着马背好巧不巧地滚落进了洛棠的怀

里，他笑眯眯地伸手横抱住她，动作轻捷地跳下了马背。

"喂，花痴，你又重了，是不是趁我不在的时候偷吃了很多好吃的？"洛棠故意掂量着怀中的葵纱，让原本就头晕目眩的她更加眼冒金星找不着北。

"快……先让我下来……"暂且不追究他说了她什么坏话，目前的第一要务就是让自己的双脚踩在坚实的大地上，这样比较有安全感。

他促狭地笑着放她下地，这才牵着骏马找了一块青草丰茂的地方，将它栓在了一旁的大槐树上。看着骏马大口地嚼着嫩嫩的青草，他疼爱地拍了拍马儿的头，眼中笑意更深。

葵纱好半天才回过神来，这才发现他们竟然已经来到了澄净湖畔，清澈的湖水以一面巨大的魔镜，将太阳的光芒变成了跳跃在湖面的金色尘埃。

洛棠走到她的身边，舒服地伸了个懒腰，他朝气蓬勃的身影沐浴在阳光下，俊逸的脸庞被雕琢得更加细腻迷人，让葵纱险些看得走了神。

半年，说他没有一丝的变化，是骗人的。

也许是因为战火的洗礼，他的双眼闪烁着飞扬的神采，修长的胳膊仿佛蕴涵着果敢坚毅的力量，原本俊秀的面容迸发出属于骑士的锐气和骄傲，因为长期征战而略长的碎发勾勒出他完美有力的肩部线条。

"喂，你这家伙，是不是又长高了？"直到他站在她的身边，她才忽然反应过来，"我记得半年前你走的时候，我的身高还能够到你的眉毛！"

"当然是因为我又长高了。"他笑着露出一口白牙，还颇为得意地伸出一只手揉了揉她的头发，"而且我还会继续长，长到让你自卑为止。"

"尽管长吧。"葵纱没好气地撅起嘴巴嘀咕道，"你以为自己是笋么？只要喝了水就能往上蹿个子……"

"说到笋，我这次在幽光沼泽看到了一种很奇异的植物噢。"洛棠很巧妙地转移了话题，施施然地在面对着湖泊的草地上坐下，并摆了摆手示意葵纱坐到自己的身边。

一听到植物，葵纱的双眼一亮，立刻来了兴致。

"快说，你这一次出去打仗，又见到了什么新鲜事物？或者有没有听到什么关于可以使女神之翼重新开放的传说？"她很快地在他身边坐下，托着腮帮子凝神听他说话。

他微微一笑，把这一次路途中的美景和趣事细细地描绘给她听，从沿途的山水一直到休憩处美丽的花草，从残酷又波澜壮阔的战争到善良淳朴的南国人民，无论是多小的细节，他都没有放过。

看着她听得津津有味的样子，他心里一酸，终究是没有忽略掉她眼底的那一抹渴望和遗憾。

因为他和她都知道，这些美丽的景色，她也许一辈子也没办法亲眼看见。

百年前发生在瑞加大陆上的那一场人类与魔族的战争，虽然是人类赢得了胜利，但在魔族的统领被消灭的同时，他那充满怨恨的执念也化为了诅咒降临到瑞加大陆人民的身上。

而这个诅咒便是：从今以后在瑞加大陆出生的孩子，一辈子都将无法离开瑞加王城，否则便会失去生命。

因为这个诅咒，瑞加王城里一代又一代的人们只能依靠着外来商人的供给维生。好在王城繁华美丽，陆陆续续地也有不少的外来商人和旅者在这里驻扎下来，久而久之便形成了规模较大的市集，城里的人民虽不能出外采购，却也因此而衣食无忧，生活安逸。

而城中的皇家骑士队需要频繁出城东征西伐，便只能从外来商旅的孩子中选拔，只要父母愿意让自己的孩子成为皇家骑士队的一员，全家都可以过上富裕舒适的生活。

虽然这个诅咒对生活无碍，但百年来，城里的神官、学者们还是不断地尝试着可以解开诅咒的方法，据资料记载，目前唯一一个能够解开诅咒的办法，便是盛放的女神之翼。

女神之翼是一种包含了美好祈愿的花朵，有净化诅咒的功效，在有风吹来的时候，它会伸展着如白色的翅膀一般的花瓣飘满整个城市，因而得名。百年前，这种圣洁的花朵在小城中随处可见，但就在诅咒降临的那一天，所有的女神之翼全都枯萎死去，并再也没有开出美丽的花苞，城里的花农用尽所有方法，也依然没能让女神之翼再次开放。

洛棠是在外地出生的孩子，五岁那一年才随着经商的家人在温馨美丽的瑞加王城定居，从此也认识了自小就对花儿情有独钟的葵纱。

"花痴。"

他也是从小这么叫她叫到大的。

三年前，也是洛棠满十五岁的这一年，他光荣地加入了王国的皇家骑士团，从此经常跟随骑士队东征西伐，立下了不少战功，成为了最炙手可热的少年骑士之一。而他每次出征，都会为葵纱带回各地的趣闻，

紫枫雪地、恶魔森林、金苹果岛……那些美丽的风光也常常让葵纱向往无比，想要亲手培育女神之翼的愿望也更加强烈几分。

但是，诅咒到底能不能解开，女神之翼是否还有重生之日，都是个飘渺的未知数。

湖水静静地漾起波纹。

洛棠的故事已经告一段落，短暂的沉默间，他随手拔起一根翠绿的小草在指间把玩着。

"洛棠，我不会放弃的。"葵纱的声音轻轻地响起。

"嗯，什么？"他就算知道，也还是会再问一次的。

因为，他最喜欢她说起这个愿望时候的笑容。

"城里的女神之翼枯死了没关系，我一定会努力地学习钻研，总有一天，我可以亲手培育出美丽的女神之翼来，解开诅咒，让百年来困在这个小城里的人民，都走出去看看外面的世界。"葵纱轻轻地说着，语速不快，却足够让人感受到话语中坚定的信念。

阳光凝在她因为微笑而深陷的唇角，好似芬芳的蜜糖。

"花痴。"他看着她认真的表情，压下心底每每都会弥漫上来的感动，忍不住轻笑出声。

"哈，你等着吧。"葵纱元气满满地昂起了头，"我一定会努力研究，争取让女神之翼重新苏醒，等到女神之翼开花的那一天，你就要带我出城去玩，每一个你曾经说过的地方我都要去！"

"没问题。"洛棠的目光悠长而温暖，"每一个地方，无论是说过的还是没有说过的，只要是能去的地方，我都会带你去。"

"说好了哦，反悔的人是小狗。"葵纱伸出了小拇指。

"反悔的人是小狗。"他笑着重复道，也伸出指头来跟她的勾在一起。

"对了，你这次回来可以休息多久？"葵纱忽地想到什么一般敛起了笑容，认真地问，"不会马上又要走了吧？"

"如果你不赶我的话我就不走。"他调皮地用柔软的草茎搔着她白皙的脸颊，玩笑一般地回答道。

"我是认真地问你噢。"葵纱不满地避开他的"骚扰"，随即故作忧伤地大叹一声，"叔叔阿姨好可怜啊，一年到头见不到你这个儿子几次面。"

"这次起码可以休息一年吧。"尽管洛棠早对她的小伎俩习以为常，还是收起了玩笑的态度，以标准答案回答道，"精灵族一直是个大问题，如今打跑了他们，我们骑士队也就没有什么征战的任务了，这段时间只要守护好王城就可以了。"

"真的吗？"听到他这么回答，葵纱立刻喜上眉梢，"太好了。"

"你是在为我爸妈高兴吗？"洛棠笑眯眯又不怀好意地撑着下巴问道。

"……你知道就好，笨蛋。"葵纱被他逮了个正

着，立刻红着脸小声嘟囔着几句，便不再说话。

"花痴，我要先回家一趟，一会儿让百姬给我烤薰衣草饼干吧，我半年没吃到，馋都馋死了。"洛棠像个小孩子一般赖皮地说。

"好，立功的人最大。"葵纱依旧是没好气，"走了半年，念念不忘的竟然是薰衣草饼干，真是没良心。"

日光淡泊如银，湖面清风荡漾，少年和少女在湖畔笑闹着，骏马温顺地站在树下，低头吃着丰嫩的草叶。

此情此景，堪比一幅最美的画卷。

将洛棠送回家之后，葵纱信步来到了市集，准备采购一些食材。

刚过正午，白日当头，没有一丝风，整个小城像是被大蒸笼蒸过一般闷热，葵纱没走几步额头便沁出了一层细细的薄汗，幸好市集离家并不远，她尽量走在树阴下，并加快了脚步，想要快去快回。

就在快要走到市集时，一群聚集在中央大道拐角处的人吸引了葵纱的注意。

她不禁好奇地走了过去，从人缝中向里看去。

白炽的阳光下，只见一个人斜斜地倚在墙角，黑漆漆的影子短短地落在身后的墙面上，他的头低垂着，尖顶宽沿的大圆帽子几乎遮住了他全部的脸，破旧的长披风裹住了半个身子，就连脚上的靴子也有着因为长途跋涉而留下的破损痕迹，像个落魄的巫师，但最引人注目的还要数他手边的那把银色七弦琴。

"这个人该不会是死了吧。"一个扛着锄头的大叔粗声粗气地说道，"半天了都没个动静，我看抬到别处去算了。"

"从没见过这个人，是从别处来的流浪汉吗？"葵纱的身边，一个穿着粗布衣的大姊小声地猜测着。

"不像，虽然他的衣服又旧又破，但是他带着这么漂亮的一把琴呢！他一定是个卖艺人！"一个小姑娘羡慕地看着那把漂亮的七弦琴，银制的表面亮丽高雅，就连琴弦也仿佛有生命一般，在阳光下泛着七彩的流光。

小姑娘一边说着，一边情不自禁地弯下身来，伸手想要摸一摸七弦琴光滑美丽的表面。

令所有人意外的是，那个始终没有动静的人竟然一把将七弦琴揽进了怀里。他微微抬头，虽然凌乱的发丝遮住了他的大半容貌，却能看到他的双眸正铮铮地迸出锐利的冷光。

"别碰。"虽然只有两个字，却足够成为一句充满威慑力的警告。

低哑的嗓音和骇人的眼神生生地将小姑娘吓得哭了

起来，围观的群众们纷纷指责那个人不该向小孩子发火，但那人却始终不再发一语，仍是像方才那样倚在墙角，不再有任何其他的动作。

见事情没有进一步的发展，一些围观的人们已经摇着头散去了，葵纱也继续朝市集的方向走去。她买了糖浆面粉和鸡蛋后，刚想折返回家，却又若有所思地停下了脚步，走到水果摊前挑了几个苹果，装在干净的纸袋里。

在返回的路上，葵纱特地走了刚才的墙角，却惊讶地发现那人已经不在那里了，她看了看怀中装满了苹果的纸袋，有些失望地叹了口气。

不知道为什么，方才她所看到的那双湛蓝的眼睛和冷冽的眼神，让她觉得这个人并不只是一个流浪汉或卖艺人。

想起百姬还在家里等着她，葵纱甩去脑海中多余的想法，加快步子，顶着阳光轻快地朝家的方向走去。

又是一个宁静的夏日夜晚，葵纱、百姬、洛棠，难得聚在一起的三人观赏完大马戏团精彩的演出之后，说笑着踏上回家的路。

染着一丝夜色的大街上并没有几个人影，白天曾经热闹的市集也随着商贩们的接连收摊而安静了下来，带着一丝清寒的夜风缓慢地穿梭，更显街道的空寂，而在街道的拐角处，一个人醒目地倒在那里。他衣衫破旧，右手却紧紧地抱着什么，仿佛是他至死都要守护的宝物。

"是白天的那个人……"葵纱轻喃一声，随即便疾步跑上前去，伸出手想要将那个人扶起来。

百姬和洛棠也跟了上去想要帮忙。

那人似乎并没有失去意识，在葵纱扶住他的手臂时，他的头轻轻昂起，原本轻闭着的双眼缓缓地睁开，那一抹海一般的湛蓝让葵纱有一瞬的恍惚。

然而，原本平静如海面的双眸忽然掀起了层层的巨浪，仿佛有什么痛苦深切又无法忘记的感情在他的眼中翻滚沸腾，那个人猛地翻身坐了起来，反手握住了葵纱的双臂，握得很用力，葵纱疼得险些叫出声来。

"你干什么？！"洛棠一怒，连忙三两步上前，右手下意识地去摸腰间的佩剑。

"等一等，不要伤害他。"剑光出鞘的那一刻，葵纱轻声的话语止住了洛棠所有的动作。

她的声音，仿佛湖面上轻风吹起的涟漪，带着不易察觉的颤抖。

那双海蓝色的眼睛，最终是压抑不住自己所有的感情。

浅浅的夜色里，只见一滴清澈的水滴，如露珠一般滚落在青石板地面上。

"他在哭，他在哭啊……"看着那双海蓝色的眸，葵纱怔怔地说道。

Chapter 2

"他……在哭?"

听到葵纱这么说,洛棠也不禁呆怔了一下,百姬更是不可置信地小心走上前来,想要确认姐姐说的是不是真的。

夜色中,虽然那人帽檐下的阴影几乎遮住了他所有的容貌,但唯有他那海蓝色的双眸和如月华一般忧伤的泪滴是那样清晰可见。

他紧盯着她的双眼,近乎执拗地看着,仿佛穿越了时间和空间的距离,一直看到她的内心,她的灵魂深处,她的前一世……

就在葵纱因为他的注视而屏息时,她忽然觉得手臂上的力量一松,那双原本紧紧握住她的手倏然垂落了下去,明亮而忧伤的双瞳也忽地闭上。葵纱连忙伸出了手,才接住了他往后倒去的身子。

"你醒醒,醒醒啊。"葵纱有些焦急地拍着那人的脸颊,这才发觉他那比常人低得多的体温。

"他昏过去了?"百姬也有些担心地蹲下身来查看。

"这样不行,我们带这个人去找医者吧。"洛棠摇了摇头,也走上前来,在葵纱和百姬的帮助下将那人背在了背上。

"我昨天因为草药的事情去找医者爷爷了,可是他的家人说他出门采药,没有四五天是回不来的。"葵纱咬着下唇摇了摇头,"现在天色又暗了下来,不用说市集,一般的药铺刚过六点就关门了……"

"这可怎么办?"百姬托着下巴冥思苦想着,"又不能把人家丢在路边,他本来就已经昏过去了,如果再被夜风吹上一晚,说不定第二天早上就有人要为他收尸了。"

"百姬。"葵纱板着脸,"不要诅咒人家。"

百姬吐了吐舌头,随即眸光一转,向葵纱建议道:"不如我们把他抬回家去好了。"

"不行,这个人来历不明,又不是我们小城里的人,如果是个恶人的话,那可是引狼入室啊。"葵纱还没有回答,便遭到了洛棠的否决,"何况你们家里只有两个女孩,真的出事的话要怎么对付得了。"

"不,我觉得可以。"葵纱若有所思地露出浅浅的笑容,"就这么做吧,把他带到我们家。在弄清楚他的身份之前,暂时由我来照顾他。"

"在弄清楚他的身份之前,你不能把一个陌生人随便带到你家里。"洛棠依旧固执地反对着。

"我家里有现成的花草可以熬制上好的汤药,百姬还可以做各种有营养的食物,眼下没有医者,药铺又关

了门,要说养病,到我家自然是最好的选择。"葵纱倒不急着和洛棠争辩,只是细细地讲道理给他听,"而且……我觉得,这个人绝对不是坏人。"

说到这里,葵纱的脑海中忽地浮现出那双漾动着水汽的蓝眸,不禁又有些恍惚起来。

那么清澈的眼泪,大概只有心地纯洁的人才会拥有的吧。

"花痴,在花花草草的方面也许你是很在行,但我不认为你可以一眼看透人的心。"洛棠摇摇头,仍然打着反对牌。

狼灵回庭

"哎呦,你们就别婆婆妈妈的啦,再拖下去,说不定这个人就没救了。"百姬实在看不下去这两个人的拉锯战,干脆上前拉着洛棠的衣角,往自己家的方向拽去。

"喂,百姬……"洛棠无可奈何地被百姬拖着走,他的身后背着一个人,实在空不出手来摆脱她的控制,只好叹着气朝姐妹俩的家走去。

"等一下。"葵纱回过头去,弯下身来捡起了那把放在墙角的银色七弦琴,轻轻地拂去上面的细尘。

她记得这是他的东西,好像对他来说,很重要。

"走吧。"葵纱冲着两人笑了笑,将七弦琴小心地抱在了怀里,加快脚步跟了上去。

是夜。

葵纱换上睡袍,慢步走到窗前,放下卧室里的窗帘。安静的夜里只听得到晚虫的低吟,她在床边坐下来,困倦地打了个呵欠,无意间抬首瞥见了床头柜上的小梳妆镜,她的目光滞在镜中,怔怔地伸出手去将镜子拿到自己的眼前。

一双湖绿色的双眸,乍看之下并没有什么不同,但若是仔细观察的话,会发现她的双眼眸色深浅不同。

她想起那个少年深深看着她眸子时的表情,心弦仿佛被触动,他的蓝眸好似有种魔力,能让她感觉到心底不知因何而生的微疼。

葵纱放下镜子,缓缓地缩进被子里,若有所思地闭上了眼睛。

漫漫长夜终于过去,破晓的第一缕阳光伴随着清澈的鸟鸣声渗进了瑞加王城的每一个角落。

暖融融的小房子里,百姬在火炉旁打着瞌睡,炉火上炖着一个小小的瓦罐,草药的香味溢满了整个客厅。

葵纱揉了揉惺忪的睡眼从卧室里走了出来,百姬被脚步声吵醒,大大地打了个呵欠,迷迷糊糊地随口问道:"他还没醒吗?"

"嗯,昏睡了一整个晚上呢。"葵纱困倦地眨了眨

眼睛，"不过还好，没有发烧，也许是太累了，让他多睡一会儿说不定就醒过来了……草药怎么样了？"

"就快好了。"百姬站起身来，一边打开瓦罐的盖子查看着汤药的情况一边小声地嘟囔着，"早知道就不把他捡回来了，啊，真困……"

葵纱一边打着呵欠一边走到门前，想要打开门享受一下清晨新鲜的空气，没想到刚扭开门，一个人影"砰"地一声往后仰倒在了门前的地毯上。

"谁？"毫无防备的葵纱被吓得倒退了好几步，定睛一看，才发现那个摔倒在门边的人竟然是洛棠。

"哎哟，痛死我了。"被摔醒的洛棠摸着脑袋爬了起来，见葵纱和百姬都讶异地盯着他看，连忙尴尬地笑了起来。

"我……我是怕那个人如果做什么坏事，你们真的对付不来……"他揉着鼻子解释道，一句话才刚说完，接二连三的喷嚏便接踵而至。

"这么说，你昨天晚上根本就没回去？"百姬吃惊地睁大了眼睛。

"没事没事，我已经托人跟我的父母亲说过了。"洛棠好不容易才止住了喷嚏，对她们漂摆手道。

"白痴，快进来！"葵纱忍着鼻尖轻微的酸意，拉着洛棠的手臂把他撸到了炉火前。

这家伙……才刚刚打完仗回来，就不知道好好休息，逞什么英雄嘛。

"大夏天的，烤什么火啊。"洛棠一边絮絮叨叨地说着，一边可怜兮兮地吸着鼻子，让葵纱觉得又歉疚又好笑。

"百姬，草药炖好了之后，做些薰衣草饼干来当早餐吧。"葵纱扬声道。

"遵命……"百姬无奈地耸了耸肩膀，唇边却滑出一抹狡黠的笑来。

呵呵，在这个姐姐心里第二重要的人面前，她这个排第三的只好乖乖认命啦。

就在三人谈笑之间，似乎是椅子倒地的声音忽地从楼上的卧室传来，洛棠的反应最快，他紧张地站起身问道："那个人是不是睡在楼上？"

"也许是醒了，我上去看看。"葵纱点了点头，也对刚才的声音有些担心。

"我先去，你跟在我后面。"洛棠颇有骑士精神地将葵纱挡在身后，自己率先奔上楼梯，小心地推开了卧室的房门。

因为窗帘被拉上的缘故，葵纱

的卧室里并不是很亮，只有太阳透过窗帘而影射出的朦胧光晕。那个人的侧影浅浅地投在地毯上，那层叠的毛边不知是影子本身，还是地毯的波纹。

他坐在床沿，昨天被葵纱摘下的帽子放在离床不远的桌子上，也许他想要伸手去拿，却碰倒了桌旁的椅子，他的表情有些怔忪，像是刚刚学会走路的小孩子，直愣愣地盯着那把倒在地上的椅子，听见门边的响动，也没有转过头去看。

葵纱默默地将挡在门前的洛棠拉开，自己轻轻地走了进去，先弯腰扶起了椅子，再将他原本想要拿的帽子递到他的手中，冲他微微一笑。

"醒来了吗？会不会感觉不舒服，想不想吃东西？"葵纱柔声问道，像是怕吓着了他。

因为，他看着她的眼神里，有一种强烈的不安和不可置信。

生怕一看着什么会突然消失掉的东西。

甚至连呼吸也不敢太用力。

"不用紧张，我们都是好人。"葵纱将他的反应理解为对环境的不适应和怕生，更加友善地笑起来，"这是我的家，昨天你昏倒在路边，是我们把你带回来的，你大可不用拘谨。"

"我和姐姐都是好人，可这家伙看起来不太像。"百姬揶揄地指着门边的洛棠，歪笑说，"昨天他还想拔剑吓人家呢。"

"喂，我也是怕葵纱遇到危险，情急之下才……"洛棠不服气地小声反驳道。

不过，细细想来，昨晚他的确是太冲动了。

其实，骑士队里明文规定，骑士虽然是唯一可以在小城内佩带武器的人，但骑士在城内却不可以轻易地拔剑，若是他昨天的做法被队长看到了，肯定免不了要受到责罚。

似乎，只要一遇到与葵纱有关的事情……他总是会多少乱了章法。

这是为什么？

是因为那个对植物感兴趣的花痴太缺乏自我保护意识吗？

"洛棠哥，我们先闪人吧，看来他好像只对姐姐比较有好感。"百姬很识趣地将仿佛已经落地生根的洛棠推出卧室，还一边以美食加以诱惑，"你下去帮我的忙，很快就能吃到新鲜出炉的薰衣草饼干咯。"

尽管洛棠还在不情愿地嚷嚷着，百姬却已眼明手快地带上了卧室的门。

小小的房间里只剩下葵纱和那个始终没有说话的人。

"琴……"

在葵纱耐心的等待下，他有些干裂的唇瓣终于碰出了第一个字，虽然声音干涩低哑，但葵纱还是听清了。

"啊，你说你的七弦琴吗？"葵纱的双眼一亮，为

月照西部

凤烟筱月

他终于有了反应而开心，"等一下，我马上去拿给你，放心哦，我有收得好好的。"

说着，她站起身来想要下楼去拿那把琴。

手腕处忽然传来冰凉却轻柔的触感，又带着点固执的力道，将葵纱的脚步定在了原地。

仿佛所有的神经都集中在了手腕那一处被他轻轻握住的地方，尽管他的手指冰凉，但葵纱却觉得她的手心开始微微地发热。

她轻轻地转过身来，压抑下方才那么莫名其妙的恍惚感觉。

"怎么啦，还有什么事吗？"葵纱尽量用轻快的语气和他沟通。

他没有再说话，只是轻轻地摇了摇头，海蓝色的双眸依旧牢牢地锁住她的一颦一笑，握着她手腕的手也没有松开，只是手指一松一紧地试探着，仿佛不确信他真的握住了她。

"啊，要我在这里陪你是不是？"葵纱了然地笑了起来。

他微微地愣了愣，随即便轻轻地点了点头。

见他点头，她的心也忽地一暖，仿佛是看见冰雪融化之后的春天绽开的第一朵花苞那样柔软的感觉。

"眼睛……"他略显苍白的唇瓣轻轻地碰出这两个字。

葵纱微微一愣，双眼下意识地眨了眨，回想起第一次见面时他盯住她双眸的样子。

"眼睛，是……生来就这样的吗？"他依旧紧盯着她的双瞳，断续着发出疑问。

"是的。"葵纱微笑起来，"一出生就是这样，不过你观察得好仔细呢，一般人若是不注意观察，是很难发现的。"

听到她肯定的回答，他的呼吸明显急促起来，一双蓝眸也渐渐腾起美丽的光泽，仿佛是在压抑着惊喜与不可置信。

"对了，你叫什么名字？"葵纱重新坐下来，开始尝试着和他聊天，"不告诉我你的名字的话，我要怎么叫你？"

"……你叫……弥娅吗？"

他开口，但却不是回答她的问题。

"弥娅？"葵纱手指自己，有些疑惑地重复了一遍，接着摇了摇头，"我不叫弥娅，我的名字是葵纱，是向日葵的葵噢！"

她话音甫落，他眼中亮蓝的光芒倏然熄灭，始终握着她手腕的手指也颤抖着一松。

"怎么了，我说错什么了吗？"看着他不同寻常的反应，葵纱有些不知所措地问道。

他颤抖地喘息着，双眼缓缓地闭起，双眉轻蹙着，仿佛有什么轻微却致命的疼痛在撕扯着他的每一根神经。

……

这样的痛……

还要持续多久……

是一百年还是一千年……

也许，只有在轮回中再次找到她，这种痛楚才会真正地终结吧……

……

就在他颤抖的指尖即将离开她时，葵纱紧张地反握住他的手，很用力地握住，温热的掌心熨帖着他手背冰凉的肌肤，直到他眉间的褶皱渐渐平复。

"弥娅。"这次他睁开双眼，眸子里依旧是大海般的澄净，他看着她轻轻地唤出那个名字，不是疑问的语气，而是恳切而深情的呼唤。

"既然你喜欢，那就这样叫吧。"葵纱看着他恢复正常，一颗悬着的心终于放了下来，"这样，那你也满足我一个愿望，好不好？"

他清澈的双眼微微地弯起一个细小的弧度，轻轻颔首表示应允。

"那……等你休息好了，我就让洛棠帮你洗个澡，换上干净的衣服，然后让百姬给你做好吃的点心，好不好？"葵纱的语气像是在哄小孩子，"你看，你的刘海长得已经几乎遮住半个脸了，连长什么样子都看不清楚，你的眼睛这么漂亮，假如把头发修一修的话，肯定是个美少年。"

看着她努力地说服他、为他打算的样子，他的表情有一刹那的温柔，恍若是初雪乍融，一闪即逝。

微风轻轻敲打着窗棂。

一阵轻轻的拨弦声从楼上传来，仿佛流水一般顺着阶梯滴答而下，玲珑剔透。

所有听到的人都怔了怔。

拨弦声仍在继续，先是断续的声音，仿佛试探一般，接着，断续的音符渐渐汇成乐曲，流畅灵动的旋律填满了空气，那饱满圆润又柔软轻盈的声音仿佛荷叶上滚动的露珠，带着午后微薰的香气，让所有人觉得心旷神怡。

葵纱不由自主地转身朝楼上走去，一步一步，轻轻地，仿佛是害怕惊扰了这天籁一般的琴音。

卧室的门虚掩着，时断时续的音律就是从这窄窄的狭缝中倾泻而出。葵纱不由自主地抬手推开门，只见一个少年微眯着双眼侧坐在床沿，他的膝上放着一架银色的七弦琴。纤细的指尖缓慢地划过一根根琴弦，犹如轻风挽起湖面的涟漪。

少年有着一头金色的长发，在阳光的照耀下仿佛笼着一层纱一样的光晕，他的眼帘下垂，长长的睫毛遮住了深深的瞳影，一身白衣几乎模糊了棱角，琴声仿佛幽幽幻化成背后纯白的双翅，让他整个人仿若幻觉般的存在。

听见门边的声响，少年缓缓地停下指尖微微的动作，微微转过头来，深陷的唇角仿佛是一个微笑的内弧，湛蓝的眼波轻扫向她。葵纱怔怔地看着这个如慢镜头一般的画面，心跳过速，脑海却一片空白。

也许是因为他看她的眼神。

太过温柔，太过痴缠，仿佛用眸光抚摩着一件珍宝。还有那压抑了许久的想念，足以穿透时间和空间。

就在葵纱因为他的眼神而迷惑时，他忽然轻轻地出声唤道："弥娅。"

葵纱的双眼轻轻眨了眨，这才发现自己刚才险些魂魄出壳，她连忙不好意思地垂下眼帘来，抬手摸了摸脑袋。

"我就说嘛，你果然是个美少年呢。"她一边欢快地说着，一边朝他走去，双眼亮晶晶的，"看来洛棠的任务完成得还不错。"

他又是微微一笑，不介意自己被说成是个任务。

"现在可以告诉我你的名字了吧？"葵纱歪着脑袋俏皮地说道，"既然是美少年，总要有个响当当的名字才是，如果你不告诉我，我就自己帮你取啦，反正你不给我取了个名字，要礼尚往来嘛。"

"好，你帮我取。"他竟然应允下来，眼眸中似有期待。

"你的蓝眼睛很漂亮噢，不然就叫你小蓝好了。"葵纱一边说一边咯咯地笑起来。

她的笑声仿佛是一阵风，忽地擦过他的耳边。

他的笑微微滞在唇角，明亮柔软的记忆永远不会覆盖上时光的尘埃，他每日一遍一遍地温习，让它始终清晰如昨日。

"你有一双漂亮的蓝眼睛。"

当打着小盹的他醒来时，看到的就是十岁的弥娅眨着一双美丽的绿眸怔怔地盯着他的画面。

她盯着他，看着他惺忪的睡眼，然后很肯定地这么说。

她的眸子恍若最纯净的翡翠，但最特别的，就是那双眸子深浅不一的色泽，仿佛娇憨的波斯猫，若是论美丽，他觉得自己及不上她的十分之一。

就算是过了百年，那种美丽依旧能够打动他的心。

然而，那时的他是个不善言辞的少年，十二岁的年龄让他还无法好好地与人沟通，尤其是一个带着毫不客气的目光瞅着他的陌生人。

一直以来，他都是穿着很旧的衣服，吃着只能勉强果腹的粮食，住在会漏雨的破旧的小屋子里。他不和别的孩子一起玩，不和陌生人说话，哪怕他有一双漂亮的蓝眼睛，哪怕他有如同泉水般清粹的声音。

十岁的弥娅光鲜亮丽，她穿着干净漂亮的蓬蓬裙，她住在很大的庄园里，她的身后始终跟着许多的佣人。

弥娅不是带他走出自闭的天使，她是个十足的小恶魔，强行将他的世界闹得天翻地覆，从见面的那天起他是这么觉得，直到今天为止依旧这么认为。

第一次见面，她拿着小石子丢他，因为他在醒来看到她之后马上站起来逃了。

第二次见面，她把他推到了小河里，强迫他为她捡她掉下去的鞋子。

第三次见面，她带了一大篮子他从来没有见过的食物，盯着他要他全部吃光，食物很好吃。由于她的目光和那些食物的分量，使他吃得很痛苦。

他觉得她简直就是童话故事里的魔女，他怕她还想得寸进尺地把自己的眼睛挖出来，做成漂亮的蓝色宝石。

可是终于有一天，他发现她和他一样是不快乐的。

她的身边永远只有很多的佣人，她穿得光鲜漂亮，却依旧像衣衫破旧的他一样没有伙伴。

她离家出走的那天，他在一个山洞里找到她。

可能是因为曾经跌进河里，她衣服湿透，冷得缩成一团，嘴唇都冻得发青了，还依旧倔强地不肯跟他回去。

"很多人都在找你。"他记得自己是这么劝她的。

"我们家的佣人很多吧？"弥娅抬起眼，唇畔挂着一个带着嘲讽的浅笑，湿亮的眸子里不知是雾气还是泪气，晕红了她的眼眶。

"还有一个很胖的男人，和一个跟你一样穿着红裙子的长发女人。"他讷讷地补充着。

他看见庄园的主人焦急地在小城里找她，每跑几步就带着焦急的颤音呼喊一次她的名字。

弥娅的笑滞在脸上，连眼神都僵了一僵，她急急地想要站起身，双腿却怎么也使不上力。

他默默地将她背在背上，走出山洞，淌过小河，绕过弯弯曲曲的石子山路。

甜梅坡

有温热的液体滑进他的脖颈，一滴一滴，还有耳边压抑着的哭泣声。

他只是加快了脚步，并没有多说话，安然无

羞地把她送到庄园主人的面前。

两个大人抱着她哭成一团，接着和佣人们前呼后拥地送她回去，没有人再去注意那个背着她回来的他。

除了她。

她被她的爸爸，也就是庄园的主人抱在怀里，却硬是转过脸来，透过她爸爸的肩头盯着他看，直到他们走远得再也看不见。

原本他以为她会就此消失在他的生活中。他依旧会变回以前那个木讷自闭的少年，再没有一个像魔女一样有着翡翠般绿色眸子的小女孩来找他的麻烦。

可是，他突然觉得寂寞了。

他明白，这种寂寞和以前的寂寞，是不一样的。有一种被人生生抽去了什么的感觉。

所以，当两天之后，那个绿色眸子的弥娅再次出现在他面前时，他竟然觉得有种想要微笑的感觉。

弥娅拉着他的手把他带到了她的家，那个又大又漂亮的庄园。

她昂起头很骄傲地、像个小主人一般地对他说："从今以后，这里也是你的家了。"

他的蓝眸忽地涌上一层暖色，仿佛远山旁的霞光，晕开最浅最温柔的微芒。

……这里是我的家。

——也是，你的家。

是夜。

已经过了晚饭时间，葵纱从厨房取来热好的牛奶，小心地端上楼去。她轻轻推开房门，正想出声，却发现那少年轻轻地倚着墙，低垂的下颚伴随着呼吸轻轻起伏着，似乎是已经睡着了。

她不禁觉得有些遗憾，毕竟她有太多太多的问题想要问他，比如他从哪里来，他想到哪里去，还有，他到底叫什么名字。

葵纱轻手轻脚地从旁边拉过一张薄毯覆在了他的身上，正要转身离开，却发现小小的床头柜上，不知什么时候多出了一张小小的白纸和一支她平时常用的炭笔。

纸上写了两个字，字体柔韧，棱角分明。

"昼音。"她不由得喃喃念出声来。

这是……他的名字吗？

葵纱的目光不由自主地再次落在了他的面庞。

那是一张令人不禁莞尔的睡颜。

白皙如瓷的肌肤，唇线微微地向上勾起，细密的睫

毛上泛着轻浅的流光，即使是睡着了，那把银色的七弦琴也依旧被他牢牢地圈在怀中。

葵纱浅浅地笑了笑，悄悄走出房间。

他沉睡时那宁谧的画面，仿佛连世界都为之静止。她可知道，他已经多久没有这样安心地睡过。

Chapter 3

又是一天清晨的来临，葵纱精神饱满地推开屋门，照例想要去花圃里看看自己前些天种下的新芽。

就在她要踏出屋子的那一刻，只听楼上卧室穿来一记闷响，仿佛是什么人摔倒在地上的声音，她连忙不假思索地转身上楼，急切地推开房门，只见昼音跪倒在地上，双眉紧蹙地扶住额头。

"怎么了，昼音？"她低头观察着他有些发白的脸色和嘴唇，关切之情溢于言表。

"没事。"他避开她的注视，想要努力做出轻松的表情，可额畔的微汗却泄露了他此刻脑中不断袭来的痛楚。

又做了有关弥娅的梦。

只要梦见她，再甜美的过去也会变成闪着寒光的利刃，时刻提醒着自己他自己真切地失去过她一次。

"对了。"葵纱眉头微舒，双眼一亮，"我去西部郡给你采些药草回来，上次百姬发烧的时候，就是喝了这种药草熬的汁，很快就恢复元气了，你等等我哦，我马上回来。"

说着，葵纱便站起身来，拿起放在桌上的竹篮，掩门而去。

昼音看着她纤细的身影消失在门后，再想起刚才她关切的神情，一抹暖意悄悄在心底绽开。

可是，为什么突然有一种不安的感觉笼罩住他的心。

当她的身影离开他的视线，当属于她的温暖消失在他的身畔。

心悸，渐渐无法呼吸。

葵纱哼着小调走在通往西部郡的小路上。

遮天蔽日的枝叶挡住了耀眼的阳光，空气里有野花的香味，可爱的魔鬼鱼在葵纱的头顶悠闲地游过。再经过前面一座桥，越过幽光沼泽，就是西部郡森林最茂密的地方，在那里可以找到葵纱想要的草药。

踏上石桥，桥下的河水流得有些湍急，因为听说以前曾经有小孩在桥上嬉闹而失足落水，葵纱在过桥时向来十分小心。

就在她就要达到对岸时，一只身型小巧的鬼狐狸从桥的那一端蹿出；葵纱吓了一跳，连忙往旁边一让，却没想到她的身体已经来到了石桥的边缘，葵纱大惊，想要维持住身体的平衡，但已经来不及了！

葵纱只来得及发出一声短促的尖叫，便忽地失了重心，朝着石桥下坠去！

耳边擦过猎猎的风声，河床上狰狞的尖石已经近在眼前，浅浅的河水泛着冰冷的暗光，葵纱绝望地闭上了双眼，只觉得身体一轻，随即便失去了意识。

漆黑一片的世界，寂静无声。

身体下坠的晕眩戛然而止，原本应该感觉到那足以撕裂身体的疼痛却翻然化作一股柔韧的托力，身体仿佛落在了大片的云彩上，绵软而轻盈。

神志渐渐地回到葵纱的身体，她的小指轻轻动了动，睫毛轻颤，缓缓地将眼皮撑开一道细小的缝隙。

四周是青葱翠绿的森林，她依旧在西部郡。

光线泻进她的眼底，一抹清甜的液体顺着她的唇角流入干涩的喉间，眼前模糊的人影随着她的清醒而逐渐清晰起来。

"醒了？"如泉水一般的声音滴过她的耳畔，低沉生涩，却意外的好听，如七弦琴轻轻拨奏的低音。

"洛棠？"葵纱轻喃着，强忍住脑中模糊的晕眩，撑坐起来，一抬眼，便看到了一个半蹲在她面前的身影。

白衣白裤，棕色的腰带和棕色的长靴，湖蓝色的披风和湖蓝色的尖顶宽沿帽，金色的长刘海下是一双湛蓝的双眼，泛着熟悉而柔和的光芒。

他不是洛棠。

"昼……昼音？"葵纱惊讶得失声轻叫出来，面前的少年让她觉得这也许是个幻觉，"你，真的是昼音吗？"

他怎么会出现在这里？他不是应该安静地待在家里等她回去的么？

昼音慢慢地在她的身边坐下，冲她淡淡地露出笑容，说话依旧简短，却让人觉得温暖："是我。"

没错，确实是他！他身上穿着的衣服鞋子还有披风，都是她那天和百姬一起去市集买来的，只是再廉价不过的普通布料和简简单单的搭配，穿在他身上却异常合身。披风如浮云般勾勒出他修长的身材，使他整个人看上去玉树临风。

西部郡

"是这把琴的魔力救了你，把我们送到安全的地方。"他淡淡地答道，眉目间似有光华流转，温润如玉。他边说着，边弯下身子捧起一片掬

满了水的宽叶，送到她的手边，抬起眸道，"好在我跟来，否则……"

清俊的眉紧紧蹙起，即使有惊无险，只要一想到她坠落桥下的画面，他的心便紧紧地收缩起来，要是他来不及救她，那么她会不会就这样丢掉了性命？

不得已动用了七弦琴的魔力将她救下，不知道会不会对女神赐予的守护力量产生影响？但是当时的他实在无法考虑这么多，只有身在危险中的她填满了他的思绪，脑海中只有一个想法，就是——救下她。

他实在不敢想，若是再失去她一次……

"昼音，昼音？"见他的目光忽地变得沉痛而凝重，葵纱担忧地轻摇他的手臂，直到他的眼中重新出现那抹澄澈的蓝。

她将他递来的水捧接过去，靠近嘴边，但怎么也喝不下。

脑海中有无数个问题，却不知道该从何问起。

昼音慢慢地坐在她面前的岩石上，从怀中摸出那把银色七弦琴。

洞中的光线昏暗，尽管如此，七弦琴依旧仿佛沐浴在月华中，泛着细润的流光。昼音缓缓地阖上眼帘，晶莹的指尖轻轻擦过琴弦，撩起一缕悦耳的涟漪。

前奏开始，他唇边带笑，天籁般的声音伴随着琴声同时响起——

澄净湖的河水，吟唱着诗人伤悲。
古老的城堡，公主为等待爱而安睡。
天使不再降临的经纬，
盛开河畔彼岸的蔷薇，
爱情的芬芳叫人心醉。
回忆的长梦里，是你如樱草般弯弯的眉。
天涯的罅隙里，是女神之翼随风飞。
木瑾花未至花期，凤凰鸟一去未归。
何时回，何时回。
我的梦中天使，你是否听见。
如果我唱出童谣的结尾，那是因为我想起你是谁。
我的梦中天使，你是否看见。
如果我不小心流下一滴泪水，那是因为我不愿意忘记你是谁。
……

昼音已经停止了歌唱，很久很久，森林里却仿佛依旧缭绕着他的声音，如最悠远的夜来香香气。

葵纱迷失在这醉人的歌谣中。那温润轻盈的旋律仿佛有着治愈的能力，她的双手渐渐有了温度，脸色不再苍白，剧烈的心跳也一点一点地平复下来。

（待续）

四醒罪南

我和谢莉德第二部

菲尔斯战役结束的两年后，进入大学二年级的主人公们又被任务书召回新瑞加世界。因为危机再度出现，曾经统一的大陆被割裂开来成为数个浮游列岛，魔物滋生。究竟是谁在背后设计了罪恶的『浮游列岛开发计划』？十二圣殿骑士的内部纷争何时休止？一切都是未知数！那么，新的冒险，开始吧……

第一章 新瑞加的召唤

艺术就是，挥之不去，挥之不去，挥之不去的，三角骨。
——Joker著，《蹩脚艺术与骨科学》

公元二〇〇九年

南里大学法学系•艺术概论选修公开课•阶梯教室

热情的季节里，年轻人追求自由的心就像莫桑比克海峡吹来的风一样，无比执着。别指望学生们永远能安心的坐在教室里听课，那些被赋予"Freedom圣地"美名的课堂是他们用来睡觉、聊天、看杂志，以及中途逃走的场所。因此，作为一名大学选修课老师，应该有而且必须有"即使没人听也要把这节课认真讲完"的觉悟！

Mr.Joker就是这样一位成功还稍微有点潇洒的老师，他从不计较你违反课堂纪律，还时不时的用充满地中海浪漫主义情怀的语气对你说那些"只要女神原谅你，我就原谅你！"等等不可思议的话，但是往往会伴有灾难性的后果出现，比如他偷偷记下你的名字，在你已经打上"及格"字样的考试卷上加个"不"字。

就在这么体贴的老师的眼皮底下，一位刚刚从醋梦中醒来的男同学伸了个懒腰，本着『不逃课去楼顶晒太阳就对不起大自然』的执念开始收拾自己的东西准备溜之大吉，顺了顺乱蓬蓬的黑色短发，抬起屁股刚要迈开步子走人，却突然被身旁一只手按住肩膀又不得已坐回原位。

"泽泽，借我水笔用用！"身旁的女生冷笑低语，手狠狠钳住他的肩膀。

没有带水笔的话，一定要跟长相淳朴的同学借，跟泽泽这种无论什么时候看上去都半死不活、不在状态的人借，费不少口舌，最后就是，他不仅仅没有水笔，而是什么笔都没有。

"小睡，你明明有笔还跟我借！故意的吧？"泽泽一脸委屈，"把手拿开啊！"他感觉自己的肩胛骨要被捏碎了。

"哼！逃课节数占总课时三分之一，本门科目取消考试资格；三门考试不通过，不得毕业！还要我提醒你多少遍？"

小睡，作为法学系学生会学习部长，最不能容忍的是自己班里的同学如此器张的违反课堂纪律，更别提这些事发生在自己最好朋友的身上。

"妹子！让我走吧，看在我们十九年邻居青梅竹马两小无猜的份儿上……"

魔森林

小睡不语。

"大姐……放我一马……"

小睡不语。

"大婶……我逃最后一次……"

小睡不语。

"欧巴桑……你听我讲话没有啊……"

被小睡搧了一耳光，泽泽整个下午的脸都是肿的。人往往是在吃了苦头后才大彻大悟，所以泽泽总结了如下两条请大家以后也铭记于心：一是别拿女人的年龄说笑，二是当女人开启静音模式的时候，请自觉的意识到潜在危机。

还好下课铃打的早，让泽泽不必花太多脑细胞去消磨时间。

Joker老师煽情的结束语淹没在同学们懒散的聊天声中："下星期把论文交上来！题目：赏析达·芬奇作品《蒙娜丽莎的微笑》里女主人公的眼袋——"

怎，怎么样都好吧……泽泽无语，可蒙娜丽莎的眼袋是什么啊？虽然他打心眼里认为艺术概论课的题目怎样都无所谓，但像这样崩坏思维的Joker是怎样当上大学老师的……

"泽泽和小睡同学留步，其他同学下周见！记得想我哦！"Joker的飞吻铺天盖地的飘过来，紧接着被所有人无视。

居然被老师点名了？泽泽不敢相信自己的耳朵，他这样吊儿郎当的学生可从来没跟老师单独讲过话，真的轮到自己被老师叫去十有八九会遇见糟糕的事儿，所以他和小睡走到讲台的时候已经做好了心理准备。教室里除了他们三个再没有其他人，安静的稍显过分。

"别一脸的忐忑不安，孩子们，我不过是有'好消息'要通知你们。"Joker的声音很从容又充满磁性，跟他外表一样吸引人。"要弄个怎样的开场白呢？我想想……嗯……我来到这个学校工作有两年的时间，通过艺术概论课我们三个也相处很久了，说实话我了解你们，但是你们并不了解我……"

泽泽一头雾水，不禁插嘴问："你到底要表达啥？"

"呃，我不过是想循序渐进，让你们在听到我接下来的话不会感到吃惊，"Joker笑得比刚才更加灿烂，"实际上，我更愿意看见年轻人吃惊的表情，那是纯粹的艺术品，啊哈哈……建议你们看看我写的那本书，《蹩脚艺术与骨科学》里面讲了从骨骼、肌肉和神经与艺术的关系……"

谁愿意占用个人时间听你那狗屁理论啊白痴，泽泽抓狂。

Joker边笑边从兜里掏出个信封，"扯远了，回归正题，这是新瑞加王城的两张皇家晚宴入场券，送给你们的，拆开看看吧！"

刚刚他就像在说『我们去隔壁大妈家共进晚餐吧』那么从容，从头到尾的很欠扁的从容。

看不出泽泽和小睡的表情，一阵长时间的沉默，光阴被定格，夕阳趁这个时候闯进阶梯教室，肆意掠夺它能覆盖的空间。

如果你还从来不知道瑞加世界为何物，那么恭喜你，请继续保持一颗单纯的小心灵用功读书吧，把老师刚才的话当成又是浪漫主义情怀泛滥邀请你参加化妆舞会。但遗憾的是，泽泽和小睡心里一清二楚。

"天呐，真是完全出乎我的意料嘛，还以为你们的下巴会掉到地上，然后紧张地问我为什么知道瑞加的秘密。"Joker的话变得刺耳，"果然是经过历练的人啊！怎么都不说话？好，那我来说。泽泽，两年前在瑞加王城被哈米女王殿下封号'幽烨尊者'的刺客，完成谢莉德任务拯救瑞加的大英雄；小睡，被封号'感悟尊者'的研术士，完成谢莉德任务拯救瑞加的大贤者……两位年轻人的能力甚至凌驾于瑞加十二圣殿骑士之上，与另外瑞加护卫队四位达人的伟大事迹也被载入《瑞加史》。这么风光的大名人居然会坐在我的课堂上学习，真让人感到无比荣幸呢！"Joker微微欠身，以显示在某种立场上的地位尊卑。

"啊哈，啊哈哈，啊哈哈哈哈"泽泽笑得稍微有些牵强，"你在说什么啊？完全听不懂，老师如果想讲童话故事建议出大门向右拐，有家附属中学……"

小睡又开始一声不吭，静音模式就是不祥的预兆。

"还装傻？"Joker又滔滔不绝起来，"你们离开两年了，难道不想回去看看吗？看看想念你们的哈米女王殿下、疾风、还有你们的伙伴……，好吧，我知道，瑞加世界是我们所处现实世界的平行魔法世界，两个世界能够相通必须有特定的信物，两年前你们是靠谢莉德任务书从现世被召唤过去，谢莉德死了以后，就算你们想回瑞加也回不去了，呵呵，没关系，有我呢，从今天开始，请用这两张入场券再次踏入那片土地吧，新瑞加欢迎你们！"

只有小睡知道，"谢莉德死了"这样的话对泽泽来说是禁忌，他紧皱眉头，光电般的速度从身旁抄起一本教科书砸向Joker的脸，手法精湛，没有漏洞，是普通人肯定会立刻中奖挂彩，但Joker却轻松的接住了。

"多冲动的年轻人——呐——冲动也是艺术。"Joker开始陶醉起来，眯着眼，"这种劲头应该拿到瑞加去杀掉怪物才对，不是么？"

"我发过誓再也不回去了！"泽泽从牙缝挤出这几个字的时候，心里翻江倒海的难过，说完转身离开，狠狠地甩了门，因为那个新世界再怎么样都与他无关。

空旷的教室里现在剩两个人，小睡叹了口气坐下来，摊开自己的笔记本无奈地笑了笑，她知道该来的总会来，逃避究竟是没用的。

"那么，接下来轮到我说了！"她闭着眼按了按太阳穴，想把很多事情整理出个头绪来，但这似乎有点难，让她漂亮的眉梢皱在一起。

"法学系的女生真是理智得可怕！"Joker坐在她身旁。

"Mr.Joker，二十八岁，原籍安洛市。"小睡一直没有睁开眼睛说话，就像闭着眼睛能读出自己脑子里的信息一样，"二十五岁之前的生活经历不详，没有其他兴趣爱好，只对艺术有狂热追求，三年前因为涉嫌指使幼童在四晋市和面祠市大教堂纵火被捕，无证据释放，事后半年，又在朝晨市和南里市因指使幼童盗取重要文物两次入狱，三天后神奇获释。两年前，隐藏好前科，来应聘我们学校艺术概论老师并被录取，开始跟踪我和泽泽。有这样一个教唆犯在身边当老师，我可真是天天都睡得不踏实呢，Joker先生，你应该是瑞加人吧？"小睡睁开眼睛，笑得整间教室云雾弥漫，十分好看。

现在轮到Joker惊讶了，站起来后退了两步，手扶着桌子找平衡，他知道自己不应该在学生面前失态，眼前的小睡如果换成是另一个女人，他就会毫不留情的撕烂她的舌头。

"如果要从艺术的角度来说，"小睡又闭上眼睛，"这叫做跟踪与反跟踪。两年前我们确实因为很多很多事情不得已离开了瑞加并且再不能回去，过普通大学生的日子其实挺愉快，但是你的出现让我感到恐惧啊老师，你那些奇怪的小细节无时不刻不在暴露你的身份：在黑板上写字喜欢在句子末尾画弧形，那是瑞加书写体的传统习惯；对扫把和滑板情有独钟，因为那些东西在瑞加是可以用来代步飞行的工具；话里时常带着女神，这也是'瑞加女神造世'的普遍信仰罢了；如果这些都是巧合的话，那么接下来对你身份的调查让我大吃一惊，很多案子因为没有证据不了了之，逍遥法外的日子也很辛苦吧老师，我会尽力收集证据帮你解脱！"

"哦？如果让你像其他同学一样把我这些细节当成个人癖好还真是错了。"Joker觉得嘴唇很干，一瞬间失神但马上恢复了平静。

废弃房屋

"为什么跟踪我们？"

"没有为什

么，小丫头，只是觉得好玩儿而已，我果然低估了你的实力，好吧，这样子就更好玩儿了不是么？既然我们都公开了彼此的秘密，那么现在就把这两张新瑞加王城的入场券当做是对你们的挑衅，我邀请你们亲眼目睹瑞加被我雕刻成史上最辉煌的艺术品，再一次为自己的无能为力感到羞耻吧小英雄们！哈哈哈哈……"

"你究竟想做什么？"小睡站起来，手有些颤抖。

"哦对了，忘记自我介绍了，我是瑞加皇族十二圣殿骑士团第三团的统领，Mr.Joker。尊贵的小姐，还有刚刚那位只会逃避的胆小鬼，我们瑞加见！"

Joker从窗户跳出阶梯教室，消失在傍晚的坡道上。

"骑士团第三团的统领"这几个字在小睡脑袋里飞快旋转，两年前，在瑞加担任这一职务的是红莲怒骑士，怎么换成了Joker？骑士团统领们是从数以万计的瑞加皇族战军中选拔出来的精英，他们组成的亲卫队名叫"十二圣殿骑士团"，曾经在旧世界菲尔斯战役里给了泽泽很大的帮助。这些贯彻友爱的正义的伙伴们，如今却作为敌方明目张胆的挑衅，瑞加究竟发生了什么事？！

回想自己调查的只是Joker在现世的行动，也无法理解他这几宗纵火盗窃的犯罪案件意义何在，又发现泽泽不在身边，她一阵头晕，手里握着烫金大字的两张入场券有些神情恍惚。

尊贵的客人：
为感激您对新瑞加所作出的杰出贡献，特邀请您今晚届时出席皇家晚宴！
时间：星降之里
地点：天空之城
哈米·D·女王二世

入场券的背景画着巨大的城堡下振翅欲飞的独角兽，那就是新瑞加吧，小睡想，放弃从前怀念的东西并不容易，马上要重新去面对的时候，自己却不敢前进，也不能退缩。疲倦的沉浸在漆黑的教室里，不知道什么时候开始天空已经出现了星星。

泽泽："慌什么？这种时候你们需要冷静下来想对策！"

小睡："该怎么办？"

泽泽："快打电话给奥特曼求救啊！"

小睡："需要冷静的是你吧……"

第二章　星降之里

真想讨好皇族，不一定非要在价值观里加些"屎尿屁"的东西进去，一眼看不出你是猫还是豹子的，叫做不缺心眼会死星人。
——瑞加非主流日报社评论文章，《圣殿骑士该怎样脱俗？》

如果一定要找个什么词来形容眼前这个人的话，那就是"废柴"。

小睡花了半个小时的时间，终于在教学楼楼顶找到了泽泽，他正眯缝着眼躺在地上享受晚风，翘着二郎腿，吹着口哨。风很大，站在他身边，小睡的长发和短裙随风摆动。

"再走近点，我就全看到了哦！是粉红色的小裤裤。"泽泽突然睁眼，露出坏笑。

"这种时候你还有心情看是吧？"小睡一脚踩在泽泽的脸上。

如果没有刚才Joker事件的发生，这应该是个再平常不过的可爱夜晚。

破空而来的风摇摇摆摆，两个人静静的坐在楼顶谁都没有心情体会风声的含义，就这样沉默很久不说话，夜色很美，让他们不约而同的想到"星降之里"。

星降之里，在瑞加表示一个浪漫的时间概念，每天晚上蓝月落下之时漫天繁星闪烁于瑕空，如同整个世界被收纳在星星降落的地方。

"回去吧，泽泽！"小睡语调平缓，"我知道这对你来说压力很大，但是新瑞加需要我们，伙伴在星降之里等着我们呢！"

"我发誓过，再也不回去了。"

"誓言是建立在瑞加和平的基础上而言的！"

"谢莉德死了，喃喃死了，他们是我害死的，新瑞加会恨我！"泽泽把头埋在臂弯里。

"那不是你的错！别把糟糕的结果都归结到自己身上！"小睡有些恼火，"两年前菲尔斯战役不是你一个人的力量能够引导的！事情最后变成那个样子我们始料未及。但是泽泽，我们用巨大的牺牲换来的是和平，那是所有人一直想要的，无论是活着的还是死了的人，都一直想要的啊！"

"去他妈的和平。"

又是一阵沉

断桥

默。

牺牲一个或一些人的幸福来换取所有人的幸福，这就是战争的无奈吧。

"听我说，"小睡把手放在他肩膀上，"时间不多了，我们用昂贵代价换来的和平正在受到威胁，暂时忘记以前的事，阻止新的惨剧继续发生好么？也许现在还来得及！"

"瑞加那个泽泽在菲尔斯战役里死掉了，现在这个泽泽听不懂你在讲什么。"

小睡没想到他会消极到这种地步，"好，瑞加的你死了，那我们说现世，两年前是谁那么努力只为今天能坐在这所名牌大学法学系的教室里读书？两年前又是谁信誓旦旦的说自己将来会成为最优秀的律师，制裁所有逍遥法外的人？现在需要你们制裁的人出现了，教唆犯就在你眼前，你却唯唯诺诺逃避现实。"

泽泽干脆闭上眼睛，完全不理会旁边的人。

小睡知道以泽泽的脾气再说什么都没用，她必须抓紧时间马上赶去瑞加参加晚宴，而不是坐在这里苦口婆心的说教。因为她知道，现在自己正要参与另一场残酷的战争，战争里的每个失误都是致命的，不能漏掉任何收集情报的环节。如果泽泽在这时还处于被动的话，她只好去争取最大的主动了。

小睡抽出一张入场券，并把自己的手表摘下来一起塞进泽泽的衣兜里，随后站起来朝楼梯径直走了。

去瑞加的方法很简单，在一个世界睡着，就可以从另一个世界醒过来。从前有谢莉德任务书的她在现世是昏睡状态的时候就会出现在瑞加，而在瑞加消失的时候就会在现世清醒。

小睡手里握着入场券躺在宿舍的床上辗转反侧，根本睡不着，这种情况下怎么可能睡得着？她急得快疯了，坐起来想要不要去哪里找点安眠药，可那种药物又不能随便在学校医务室或者药店就能买到。

突然门开了，跟小睡一个宿舍住的雪漠同学怀里捧着个巨大的广告牌走了进来。

"咦？小睡你这么早就躺下来啦？"雪漠上气不接下气的问，那巨幅广告让她抓狂，想放下都不容易，"先别睡，帮我看看我们书画社招募新社员的牌子做得怎么样！"

小睡刚伸出脖子想看看究竟，雪漠一转身，那牌子正好打到她的脑袋，脑袋再借着力道磕到床角，真是无巧不成书，不过也算帮了她的大忙，她都还没来得及听见雪漠的尖叫声就昏过去了。

比自己无数次想象着像睡美人一样从瑞加醒来的情形要狼狈得多，小睡青筋暴起，应了那句老话，现实是残酷的！

躺在草地上，头很疼，睁开眼就看见蓝色的月亮，

是瑞加，没错！那是两年前无数个夜晚和她相伴的蓝月。不同的是……怎么回事？怎么这么多大型飞船飞来飞去？这些飞行器以前可是从来没见过，坐起来拍了拍身上的灰，小睡被眼前的情景深深震撼了：巨大的城堡高高耸立在远处恢弘街道的尽头，那种灯火辉煌的压迫感是无法用言语形容，很多飞船在前方的广场停靠，走下来的都是衣着华丽的人。大大小小的独角兽、火龙那些两年前稀有的物种被广场上的人像宠物一样带着。附近有身着统一特殊装备的帅气男子带着武器巡逻，应该是瑞加亲卫队在维护现场秩序。

这里应该就是瑞加王城的主城堡"天空之城"吧，恢弘的楼阁直耸天际。对小睡来说，自己曾经和伙伴征战过的瑞加的每一寸土地突然变得陌生起来，从前那些荒芜的场景如今被改造得这么繁荣，她倒是松了一口气，不管怎么说，现在的情况比自己之前预料的要好。

正准备去前面探个究竟，一个骑着大鸟的中年男子从身旁飞过，那鸟扑腾几下翅膀就脱了毛，飘飘洒洒，逊色中充满异国风情的美好。

"喂，美人儿，你是头一次来瑞加王城吧？"中年男子嘿嘿一笑，国字脸、阔堂眉、高鼻梁、厚嘴唇……眼前的男人让小睡顿时想起十二圣殿骑士团团长Baker，他这张比Baker少了些英气，多了点学问的脸，说白了，不是特别像猩猩，但也不是特别不像。

男人从那只花花绿绿的大鸟身上跳下来，嬉皮笑脸的想套近乎，"从乡下来的吧姑娘？西部郡还是太古草原？穿得个稀奇古怪的衣服。"

突然意识到自己还穿着现世的衣服，又不知道眼前的男人有什么目的，小睡脑子里开始构建正当防卫的安全体系。

"你紧张个什么劲儿啊？"看小睡很激动，他掏出个名片，"我是'瑞加大笨钟旅行社'的导游！醉飘然，圣荷西•醉飘然。就是想问问你有没有兴趣在瑞加王城逛逛，看看菲尔斯圣战雕像，大教堂，马戏团，或者去魔法学校走走，给你打个八折怎么样？整个行程下来，三天也就2000银币，现在报名还有优惠哦，保证你能吃到瑞加王城的特色小吃！我们社服务是一流的，绝对比旁边那些小社要有保障得多！"

小睡惊讶之余不禁感叹，瑞加王城两年来在经济上的发展也大大出乎了她的意料，居然出现了完整模式的旅游业，而且还有行业竞争。再一次为哈米女王殿下治国有方感到骄傲，那个从前只会对她和泽泽发脾气的公主，如今独自承载了多少艰辛呢？

"醉飘然先生，"看他陶醉的讲，果真飘飘然起来，小睡有些着急，"不得不打断您的讲话，我还有点急事要办，以后有时间一定光顾您的旅行社！"

"啊？你这就要走啊？"醉飘然一脸不舍，"再拉不到名额我这个月的奖金快要扣光啦，你要是旅游一定来找我！"

小睡无语，旅行社连奖惩制度都规定得如此细致，"好的，我叫瞑小睡，以后请多关照。"

"等一下，"醉飘然的脸慢慢变白，"你说你叫……瞑小睡？是两年前瑞加护卫队的'瞑小睡'？是菲尔斯战役里的'瞑小睡'？"

"呃，不出意外的话，应该是我。"

"天呐！我的猎取美女的眼光果然精准得很。"醉飘然一阵惊呼，吓得他身旁那只大鸟扑腾了几下翅膀，又掉了很多毛，"给……给我签个名……我崇拜你很久了！"

"天底下谁会不知道大名鼎鼎的小睡呢。"醉飘然一边翻自己的衣领子一边说，"来，在我衣领子上也签个名！"

面对这些"过分"要求，小睡借机提出报酬，让醉飘然帮她找来一身合适的瑞加女装并用那只脱毛鸟送她去广场尽头的天空之城参加晚宴，因为有这样一个导游在，她就不必担心在新瑞加会迷路。

星降之里时候他们正好赶到天空之城门口，醉飘然还依依不舍的掏出手绢挤了几滴眼泪说能见到自己的偶像他三生有幸，然后又依依不舍的挥舞着手绢离开了，小睡独自一人踏进了天空之城的城堡。

城堡门口有一尊巨大的谢莉德雕像，威严壮丽，那是谢莉德在战场上挥令的英姿，雕像旁的石碑上刻着这样的字迹：

菲尔斯圣战雕像
为纪念旧世界菲尔斯战役里做出杰出贡献的瑞加护卫队成员七人而建。
谢莉德：战死，追加"乌衣神使"称号。
溪语喃：战死，追加"化物尊者"称号。
泡沫：失踪，追加"风矢尊者"称号。
梵哲：失踪，追加"圣光尊者"称号。
舞铃猫：失踪，追加"圣剑尊者"称号。
瞑小睡：返回人类世界，封号"感悟尊者"。
梦泽：返回人类世界，封号"幽烨尊者"。

看到这里小睡低着头，眼泪无声的掉下来，想起泽泽一直用开玩笑的口吻告诫自己，认真你就输了！那句玩笑话里究竟蕴含了多少无奈？看着亲密的伙伴们在两年前的战役里被打得七零八落，于是用死也要完成任务的觉悟发誓绝不在犹豫面前低头，最后就这样赢了菲尔斯战役，却败给了自己。

摸了眼泪大踏步走进天空之城，身后是一望无际的星空，还有坚决。

醉飘然："这件木乃伊套装是瑞加今年最受追捧的晚礼服款式。"

小睡："不行，换一件。哪个蠢货愿意穿成这样去皇家晚宴啊？！"

哈米女王殿下："我。"

小睡："……"

第三章 浮游列岛开发计划

挤兑你？你说有人敢拿这些愚蠢的措辞挤兑你？那还等什么？！整死他！
——追云著，《圣殿骑士心理学初级研究》

"我无疆的国土，纯良的子民，砂时计在继承谢莉德的遗志，造物女神会赐予瑞加幸福和安详。"空灵的祭司祝福语从天空之城主大厅传来，语调十分熟悉却一时想不起来在哪里听过，小睡提着裙摆一路小跑冲进宴会厅，晚宴已经开始了。

瑞加的贵族们绝不会放弃任何一个显摆自己的机会，尤其是在皇家宴会上，她们穿成花枝招展的火鸡模样，涂了浓妆，生怕自己不够大俗大雅。相比之下，醉飘然给小睡找的这条裙子素过了头，此刻她站在她们中间，就像真的从乡下西部郡来的姑娘，淳朴干净而有新鲜气息，意外的吸引了大部分在场男士的目光。

"来了么，今天晚上的主角？"刚才的祭司蒙着黑色斗篷站在大厅中心的祭祀台上，看不清他的脸，但所有人都安静下来。

大厅里突然想起几下拍手的清脆声，Joker穿着象征正义和荣誉的十二圣殿骑士统领职业装从人群中走出来，这是小睡第一次在瑞加看见她的老师，虽然早有准备，但此刻也不禁感到有些意外。

"大家晚上好，"他高声说到，"很遗憾就在十分钟前，贴身侍卫过来通知我说，哈米女王殿下身体不适不能来主持今晚的晚宴了。"人群里的骚动荡漾开来，但很快恢复了正常，因为接下来Joker的表情告诉大家他有更遗憾的事情要宣布。

"哈米女王殿下口谕，她生病期间所有王城事务交由我Joker来处理。"听了这话大家反而很平静，仿佛

这是早晚要说的话，所有人心知肚明的话，说不说都一样实际上已是约定俗成的话。

但是小睡慌了神，她害怕的不是哈米女王到底生没生病，生病可以治；也不是Joker有没有谋反篡权的意思，有可以制裁他；她害怕的是大家的态度，在场的瑞加的众贵族们，居然对这样一句话无动于衷，是Joker的同党？或者被Joker所胁迫？难道大家都早已接受了Joker的领导？

她觉得自己再得不到真相就要崩溃了，这个世界仅仅花了两年的时间就突然混乱到让她不能理解。现在这样发呆是肯定得不到答案的，理智唤醒了她，借着人群里的小缝隙，她准备溜出宴会厅想方设法见到哈米女王殿下，那样一切就迎刃而解了。但她没有得到这个溜掉的机会。

"那边那个，准备溜走的乡下姑娘！"Joker眼神里充满同情，"你就没有话要说么？"

小睡不得不停下来，直起腰板，因为所有人都把目光投向她，灼热感让她几乎要融化掉。"哦……我突然想起去透透气，各位继续，用餐愉快！"

"她是瞑小睡吧？"旁边一个高大的男人说，接着很多人跟着点头，然后是一大片的恍然大悟中，夹杂着这些语句，"她不是返回人类世界了么？""是啊，怎么突然回来了？""有她在，那个梦泽也会一起回来的！""他们回来想干什么？""紫枫雪地罪恶事件不会是他们干的吧？""除了他们谁还有那种神一样的本事？""对，他们无所不能！"

小睡知道自己逃不掉了……

"有很多疑问呢，"Joker用压倒性的语调说，"我来告诉大家吧，前段时间的紫枫雪地罪恶事件她就是主谋，我们骑士团已经掌握了大部分情况，现在不便透露，等一切就绪自己会把真相公布于众，所以现在我以女王殿下的名义逮捕她。"

一阵哗然……

Joker你在唱戏么？小睡心里想，她连'紫枫雪地'是什么玩意都还不知道，这么一会儿的功夫，她就从拯救瑞加的英雄变成了什么垃圾事件的主谋，而且有口难辩，所以说公众形象这个东西……

"你挤兑我？"小睡说了四个字。

"以牙还牙。"Joker说了四个字。

紧接着走来两名圣殿骑士，拽着小睡的胳膊把她带出了会场，跨出大门的一瞬间，她回头看了看站在高高祭祀台上蒙着黑衣的祭司，即使看不清脸，即使他不说话，依然有很熟悉的感觉……那种两年前陪他们一起在菲尔斯战役里奋勇杀敌的圣光尊者的感觉……

因禁室是个不大不小、中规中矩的地方，除了黑没

有其他优点。小睡被带进这里之后就与世隔绝了，中间巡逻的士兵给她送过几次饭，按照饭时算起来自己至少也在这里呆了至少整整三天了吧。

一个没有比这再糟糕的事实反复折磨着她：那就是，她睡不着！失眠不可怕，可怕的是她回不了现世！意识不能在瑞加消失，意味着她在现世不能醒来。先不说瑞加世界在这三天究竟发生了什么，现世的她毫无疑问已经昏迷了三天。这对她的父母和同学会造成怎样的打击她自己不敢想。

很显然是Joker的陷阱！冲动的来新瑞加果然是错了。现在被囚禁在这儿什么都做不了，小睡懊恼不已。长时间的囚禁让她已经进入模糊冥想的状态：怎样才能见到哈米女王？紫枫雪地事件究竟是怎么回事？疾风还好么？失踪的铃猫、小哲和沫沫还在不在这个世界上？想到死去的谢莉德和喃喃，她的眼泪又开始不听使唤的往下掉，模糊的视线里浮现出泽泽的脸……是啊……泽泽在干什么呢？

"喂！看见我怎么没个反应啊？"

小睡差点吓得折了个跟头，她还以为是自己的幻觉，没想到活生生的泽泽居然站在自己面前！

"你……你是怎么进来的？"小睡恍惚，不愧是作为刺客的泽泽，潜入和埋伏总是做的出神入化，她完全没有察觉。

"这么多天不见，你开场白就是问我怎么进来的？太失望啦，作为贯彻爱和正义的使者，拯救萝莉的英雄，我这样一个主角登场也怎么说也要飘落些花瓣或者得到美少女的初吻……"

啪，小睡给泽泽左脸一记耳光。

"所以说我为什么认你十几年即使我们感情好我也发誓永远不会娶你当老婆，那不仅是因为你长得丑又很暴力……"

啪，小睡给泽泽右脸一记耳光。

"好吧，"泽泽两边脸都肿起来，再不敢耍嘴皮子了，"是追云带我来的。"

"追云？"小睡跑到门口看见追云骑士盯着巡逻士兵的方向，那是飒爽英姿的追云，旧瑞加世界圣殿骑士团总团的副团长，无论什么时候都会让人心里很踏实的女武神。

看见小睡眼泪汪汪的向她扑来，她给了小睡一个足够温暖的怀抱。

"你们都还好么？"小睡哭腔很重，让追云感到不安。

"显然不好，我们快被浮游列岛开发计划折磨疯了！"

"那是什么？"

"听着小家伙，现在没时间说这些，打起精神来，你和泽泽马上穿好我准备的衣服从这边的地道钻出去，带上佩剑，遇到巡逻兵就说是骑士团第二团统领追云的属下要去执行紧急任务，逃出去后找大笨钟旅行社地下二层的FF号飞行客船停载港，有人会在那里等你们，泽泽知道具体地点，有机会我们会再见面的，好了，我要去引起门卫的注意，时间不多，你们快点行动吧。"

小睡已然听得一头雾水了，不过她知道情况是不容她发呆的，马上和泽泽开始换衣服悄悄的离开了囚禁室。

"你到底还是决定来新瑞加了！"小睡问。

穿梭于夜色之中，路上的行人神色喜悦，完全察觉不到这个世界的变化，小睡和泽泽心中充满不安，向大笨钟街跑去。

"哼，"泽泽一脸别扭，"还不是因为你！你是故意的吧？那时候，把晚宴入场券和你的手表一起放进我衣兜里。手表的时间被你永远停在星降之里，在提醒我约定的时间到了对吧？"

小睡嘿嘿一笑，知她者泽泽也。

"然后我接到了雪漠的电话，说你被她的广告牌撞晕了，要我马上来送你去校医务室！我就知道你去瑞加了，去医务室也没用，直接把你的那坨肉背回我房间塞在床底下了。"

"啊？"

"啊个鬼啊，床底下已经是很好的待遇了！你第二天没醒第三天没醒，我就编了理由给学校说你大姨妈来了不能上课。"

"我咧，这是旷课的理由么？你个猪脑，怎么不想个好点的？"小睡纠结。

"好的借口都用在别处了，比如我跟你妈妈说我中了500万彩票，这几天带你去环球旅行……"

我跟我妈说你中了500万彩票，这几天带我去环球旅行……

小睡气得头顶冒青烟，这种烂借口有人会信才怪了。

"哦，还有……我跟雪漠说你以后不去宿舍住了，让她通知宿管阿姨说你打算一直和我非法同居……"

"……"

如果没有一种叫做"装备"的东西保护自己，泽泽可能已经死过一千次一万次不止了。

"我来瑞加其实是有人接应的，然后追云就带着我来救你。"泽泽说，"很多事情我也还没明白，比如那个浮游列岛开发计划，等下去问个清楚，快进来！"

大笨钟街道长且华丽，即使晚上也灯火通明。来到街道23号旅行社，小睡突然想起几天前还遇上个叫醉飘然的导游不就是大笨钟旅行社的嘛，看到他一定要跟他道谢。乘滑行梯来到地下二层，眼前的"FF号飞行客船停载港"是一片广阔的空间，可移动的通道并在空间两侧，客船不在。

"没想到新瑞加居然在两年时间发明出这么宏大的东西。"

"更惊讶的还在后头。"泽泽拐进停载港右侧的一个小弯道里，开了一扇挂着"客船后勤室"的门，进去再右拐，又开了一扇"总长室"的门，然后他们看见，疾风站起来欠身，跟两年前一样的英俊，一样的彬彬有礼。

"欢迎两位小主人回家！"

漩涡鸣人："我有秘技——多重影分身术。"

路飞："我有必杀——暴风雨。"

黑崎一护："我有卍解——天锁斩月。"

泽泽："我有大便！"

众："那玩意谁都有的吧……"

第四章 萃取恶魔森林

真他妈灰暗呀，人生！
——醉飘然，《瑞加大笨钟旅行社年终个人工作总结》

小睡抱住疾风，死也不撒手，只顾抹眼泪。她已经记不得自己究竟流了多少次眼泪了，从两年前菲尔斯战役结束后开始，感觉时间变得越来越慢，自己变得越来越不堪一击。

泽泽站在一旁指着疾风说"你、你、你"最后也没"你"出个所以然来，他觉得这样的场景从前也曾经历过，甚至是一模一样，但那时候，谢莉德还活着。

大约过了一刻钟，发现小睡还在飘泪，泽泽只轻轻拽了拽她的裙子，却换来了一耳光，所以说女人哭得很凶的时候别去打扰她，否则遭殃的是你自己！

哭也哭过了，寒暄也寒暄完了，疾风开始描述新瑞加的状况，"正如你们看到的这样，我现在是FF号飞行客船的后勤总长，菲尔斯战役结束后，谢莉德城堡被烧的一干二净，我无家可归，是哈米女王殿下给了我这个工作……"

泽泽和小睡同时低下头，他们知道，疾风是一只连自己年龄都记不清的黑色独角兽，他化作人形与谢莉德

家族签订命的契约，忠诚服侍家族里的世代主人直至家族灭亡时陪葬最后一位死去的主人。能够打破这样守旧的契约并尽可能给予疾风生存的帮助，泽泽和小睡打心眼里感激哈米女王。

"那时候我一直以为，我们经历诸多磨难改变了旧世界，新瑞加会一帆风顺。"疾风的眼神黯然失色，"但是我错了。"

"两年前你们返回人类世界之后，哈米女王殿下制定实施了各种有利于瑞加的政策，王城南部设立的工业区有突飞猛进的发展。同时对军队内部进行改组，保留了老圣殿骑士团亲卫队的职能，对菲尔斯战役中牺牲的几位骑士团统领空位进行了重新选拔。"

"所以Joker就被选中了？"泽泽脑子里回想那个艺术概论课的变态老师。

"是的，他脱颖而出。聪慧才智以及驱散不掉的魅力，一度成为全民偶像。用Baker的话说'他是个很有政治手腕的家伙，仅用了三个月时间就集结了骑士团三分之二的兵权，我已然没有地位了'。巧合的是，从那以后哈米女王殿下就经常以身体不适为由很少在公众场合露面。"

"也就是说在骑士团里Baker和追云实际上变成了名誉团长和副团长，真正掌握兵权的是Joker，女王殿下其实身体很健康吧……"小睡皱眉。

"内部消息，她确实健康到不能再健康了，"疾风无奈，"另外，Joker不久前提出了'浮游列岛开发计划'以及巡回各地作冠冕堂皇的演讲，煽动群众支持他，可见他窥视皇权已久，很早以前就开始预谋了。其实，Baker和追云早在发现亲卫队内讧时就暗中成立了『反浮游列岛开发计划组』情报网，但他们在骑士团里很多特权遭到限制，让『反浮游列岛开发计划组』这个组织不得不走地下活动模式，你们所在的地点就是这个组织的一个支部。"

"哇，好大好帅气的组织，"泽泽一阵兴奋，"大笨钟支部，有多少人？"

"算上你和小睡的话，"疾风微笑，"刚好四人。"

泽泽的兴奋直接转化为绝望，"不是吧？只有四个人。那另外一个呢？"

吭当一声门被踹开，醉飘然走了进来，"完蛋了，明天之前再拉不到名额我这个月奖金一定泡汤。"

疾风指了指正走进来的一脸丧气的中年男子，"就是他。"

Baker："下面三个选项只能选一个哦，追云妹子，听好了！"

Baker："A. 我欠你的200金币，两个月后还。"

Baker："B. 我欠你的200金币，一个月后还……"

追云："C呢？"

Baker："C. 不用还了。"

（待续）

若，只如初见

我是一只七尾？

对，我只是一只七尾——教学宠，七尾。

升级的喜悦音乐吵醒了沉睡已久的我，朦胧中睁开了双眼，我终于被分配给了玩家。有了我自己的名字——七尾。

他只是一个新手，新的新手，白装，甚至常常迷路。我经常一边责备他，一边随着他摸索着整个瑞珀。我们一起去做主线任务，从《偶要去舞会》，到《晚礼服》，到《水晶鞋》……我喜欢他古怪时意气风发的样子，喜欢他为我偶尔释放出来的一个最低级的天使之护而微笑，喜欢他看着我升级时为我增加属性的慎重。

《金杨》的一次又一次背叛，一次又一次怀疑，无助，迷茫，一层层把我们包围。从最初的新奇，到愕然，到震惊，到希望，到绝望。我看着他，想伸出手去拍拍他的肩，说几句安慰的话语。然而，我只是一只七尾，一只教学宠物而已。

我不禁一次次地幻想着若我是一个人，是否可以和他结为情侣，是否可以永远的留在他身边，继续让他的一颦一笑牵动着我的心？想到这里，我只能做着最无助的祈祷，祈祷着他会留下我这只卑微的教学宠。原来，不知不觉中，我早已习惯了陪伴在他的左右，习惯了他下线后悉数着今天和他的发生事，以及他一点一滴的变化。

每当我到杂货店买药的时候，我会收起我所有的温存。旁边一只只宠物，在看着我。也许吧，就连七尾，也嘲笑我的名字——七尾。

那天，我和一只狐狸打起来了，结果很自然，我惨败而归。最让我痛苦的是，我那亲爱的主人，也被狐狸的主人杀死了。没有金币复活，我只能尾随着他回城，再用木质滑板一点点的飞回原处。

我一直在歉疚着，没有看到他眼中的欲望流过……从那天起，他练级更加勤了，我陪着他做着一个个任务，心里有某种情愫在暗涌。

终于，他从白装变成了稀有，飞行器也一点点的再变好。+1，+2，+3，……+7，+8，+9……最终变成了无极，再成为终极……嘲笑我的宠物越来越少，他们只能诧异的看着一个火光四射的人带着一只教学宠——七尾。

于是我开始害怕了，我又开始祈祷时间不要再继续穿梭，祈祷我会留下；我更努力的施放技能。虽然，感情再认真，态度再虔诚，也始终比不上任何一只狐狸。

我发现得还是太晚了吧，没有看到他欣赏那些极品宠物时的目光从羡慕变成贪婪。直到有一天，他开始去参加活动

《狐狸，你干啥呢？》。宠物岛上，他们看着我，或是讥讽，或是怜悯，或是同情——同情着我这只即将被抛弃的七尾。

他打得很认真，和别人争抢着，有时甚至会有一场血雨腥风。对于那些引人瞩目的稀有宠，我无言以对，乖乖的跟在他的后面去施放静电场或是天使之护。

一张张的积攒，加上他的迫不及待，终于到了500张。那天，他去了宠物店老板那里，很激动，兑换了一只鬼狐狸。可爱的表情，绿色的皮毛，我的确比不上。他又去找宠物书。结果讽刺极了，鬼狐狸的技能，和我的一模一样，唯一不同的，是她的尊贵与那骄傲的神态。

我被封印了，在他的背包里，看着他向当初对我那样，把对我的宠爱转移，再倾注到了那只狐狸身上。当他给鬼狐狸改名时，我听见了心脏碎裂的声音。原来，一只卑贱的教学宠，也会有心？原来，他只是不屑改我的名字而已……我依然贪婪着想着，永远在他的背包里，看着他我也会满足。

今天，他照常去刷BOSS，爆出了许多东西，可是，差最后一个首饰时，背包满了。他皱了皱眉，鼠标在我的封印球上滞留……我闭上眼睛，也许消失了，就不会有撕心裂肺的感觉了吧？最终，他把鼠标移走了，删去了一组血药。我勾了勾嘴角。这是不是表示，他对我有一点点怜惜？即便是施舍，终生，我会视这份感情如珍宝。

那天之后，我被放进了仓库。于是我便有了第二个存在的理由——等待他偶尔来存取东西的时候看他一眼。

一个星期后，我看到他穿上了时装，气宇轩昂得像个王子。我看到了他旁边的4星狐狸，刹那间，我明白了，七尾只是个反衬，仅此而已。当他第三次把鼠标放在了封印球上时，我知道，这意味着，我即将结束。这次，我落泪了。没有人看得到，也没有人会知道。

最终，我还是消失了

带着我逾越的爱恋，带着我对他真挚的祝福，在我消失的瞬间，看到他旁边有一个圣诞美女，风情万种地问他："亲爱的，我们接下来去哪？"

END

没有+5，没有+6，没有+4，没有披风，没有面具

没有+5，没有+6，没有+4，没有披风，没有面具……

我还有你，你还有我……

大人物有大人物的活法，人家一出手就是几千几百万！买特效，买鹿装，买云买剑买车，只博美人一笑。

我们小人物有小人物的玩法，我们买一组FP和MP都要好好计算买哪种划算，打一个怪要把地上的东西捡得干干净净，我们辛辛苦苦同级（没有双+2，不敢越雷池一步）打怪升到了50几级，没敢打过一个BB（运气总是不好，怕连药钱都拿不回来）。身上穿的还是40级的装备，55级了，我们拿的还是白火舞（炼狱太贵，就算是白的我们也舍不得买，10几W家身得留着买药，MP对于我们来说，很贵）。

我们不怕别人笑，因为我知道，就算什么都没，我只要还有你，就足够了。

你说你也不在意，其实我知道，当有MM驾着车，拿着把特效，穿着可爱的鹿装或圣诞装在眼前飞过的时候，你总会停顿几分钟不说话。我知道，你的眼睛一直目送她远去。

到最后，你会说："我们什么时候能拿上圣芒啊？"

可是每当你说完这句话之后，总会说："算了，现在我们不是玩得很开心么？"

听完你的话我很难受。我无能，不能满足你哪怕是小小的一个要求（比如合金滑板）。

于是我骗你说我可能会有事一个星期不能上飞，其实我离开之后就把人物状态设置成不在线。之后我把身上最后的5W块钱买了个强力采集器，天天呆在海马湖采矿。

人多，矿很不好采，经常换线，网络又卡，我只好呆在一条线守灵兽，两天的时间好不容易才凑够了一组，去市场看了一下，别人都是卖4 500左右的，我于是就卖4 400，没想到10几分钟后就卖完了。好高兴啊！一下子手里有了110W！一去看双五的炼狱，还差100多W，不过这次我有了信心，接着去采矿。

就这样辛苦但快乐着忙了一个多星期，我终于买到了一把双5的炼狱，准备送给你。不但如此，一个星期的矿工生活也让我懂得了怎样赚钱。

当我把杖送给你的时候，你高兴得用表情动作亲了我一下。有多甜蜜就不用说了。晚上，你打电话过来，关爱地问我是怎么来的，我开始还想隐瞒，可毕竟隐瞒不了，只好照实说了 。然后我就在电话里听到你哭了："你真傻，没有那些我们不是照样玩么？为什么要那么辛苦，傻瓜。"

我的笨笨，我所做的一切还不都是为了你么？只要你高兴，我就什么都无所谓了，现在我好想再听叫一声"呆呆"

虽然我们离75（我们最高的目标）还有很远的路要走，虽然我们还没有那些漂亮的服装和闪闪发光的武器，但我们只要彼此拥有，就足够了。亲爱的笨笨，你说是么？

酷炫博物馆

最潮爆道具解密：16款披风大秀场

作为中国最时尚的3D飞行网游，《新飞飞》除了当前最流行的时装，还提供了更多深受玩家喜爱的装饰性道具，例如毛茸茸的小兔背包，酷酷的吉他，梦幻的翅膀……当然也少不了夏天可以装酷，冬天可以保暖的披风啦！新飞飞潮爆道具首度解密，精选16款最火爆披风，至潮至in道具让你一次看个饱！

彩蝶飞剑

玄冰飞剑

超人飞剑

骸骨滑板

魔羽龙王剑

魔王飞毯

飞剑

独眼飞毯

酷炫飞行器

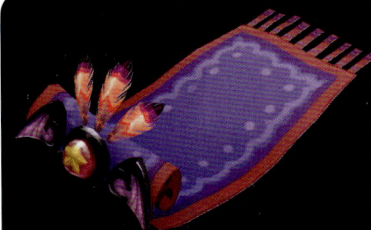

蝙蝠飞毯

螳螂飞毯

ff.163.com

★ 开启网游飞行时代

柔羽翅膀(普通版)+7
用嘴柔软的天鸽羽毛做成的翅膀，大家喜欢它的原因在于——舒适第一！
飞行速度: 336 KM/H
飞行高度: 330米

铁甲飞鱼（超级版）+8
这种飞鱼本来是没有铁甲的，但是因为其身体比较柔软，而且侧鳍又非常薄，所以人类用一些铁甲将它的骨架相连，以达到可以飞行的目的。
飞行速度: 486 KM/H 飞行高度: 360米

浓情荆棘（超级版）+3
当有人骑着这把扫帚从你头上经过的时候，千万不要仰头看。据说扫帚头上的圈圈有催眠效果，会让你无法抑制的爱上扫帚的主人，精良出品，简称精品。
飞行速度: 351 KM/H 飞行高度: 360米

无极幽兰翅膀（普通版）
以兰花为原型的改进版翅膀，不过，纤弱的薄翼似乎很难衬托起重物，使用它，已经成为 MM 们显示自己苗条的标志！
飞行速度: 386 KM/H 飞行高度: 330米

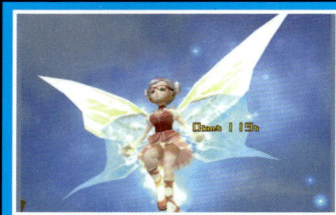

双色翅膀（普通版）+7
和幻彩翅膀属同一厂家生产，这大概又是厂家为了多赚点而 YY 出来的副产品。
飞行速度:326 KM/H
飞行高度: 330米

无极历险龙珠(普通版)
历险飞龙的龙蛋，它可不是乖宝宝，喜欢四处晃悠，主人自己可得看好！
飞行速度:437 KM/H
飞行高度: 330米

无极勇者飞剑（普通版）
传说中勇者们使用的飞剑，飞剑身后的四片勇者之翼就是勇敢的证明！
飞行速度: 392 KM/H
飞行高度: 330米

蝙蝠翅膀（普通版）+7

传说教堂的修女常常用自己的血感化凶恶的蝙蝠，久而久之，这些蝙蝠化身为人，脱落的翅膀就被商人拿来做飞行器的材料了。

飞行速度：335 KM/H
飞行高度：333米

博士龙珠（普通版）+7

博士龙珠的龙蛋，由于人类的乱捕乱杀，博士飞龙的数量都急剧减少，现在每颗博士龙珠都能在拍卖会上拍出好价钱！

飞行速度：365 KM/H
飞行高度：330米

卷尾龙珠（普通版）+6

卷尾飞龙的龙蛋，乖巧可爱，很懂得主人的心意，特别喜欢凉爽的环境

飞行速度：348 KM/H
飞行高度：480米

枫灵扫帚（普通版）+5

用轻便的耐腐蚀的枫树木制作的蓝色扫帚，在前端有旋转的浮游石以加快整把扫帚的飞行速度。

飞行速度：293 KM/H　飞行高度：330米

双色翅膀（普通版）+7

和幻彩翅膀属于同一厂家生产，这大概又是厂家为了多赚点而YY出来的副产品。

飞行速度：326 KM/H
飞行高度：330米

巧克力魔鬼鱼(普通版)+8

重金属风格的巧克力魔鬼鱼，其实不是魔鬼鱼的一种，而是人类照魔鬼鱼的体型仿制的一种飞行器。

飞行速度：374 KM/H　飞行高度：330米

紫魔龙珠（普通版）+7

紫魔龙珠的龙蛋，非常易碎，而且对环境要求很高，听说要孵出它可不是件容易的事。

飞行速度：367 KM/H　飞行高度：330米

《新飞飞》是国内第一款全3D魔法飞行空战网游，也是网易Q版系列作品中第一款永久免费、即时战斗制游戏。时尚清新的画面风格，浪漫感人的剧情故事，琳琅满目的飞行器，魔幻刺激的空艇对战，童话般的空中恋爱，再加上简单易学的上手操作，为广大玩家打造了一个无限精彩的虚拟乐园！《新飞飞》开启了网络游戏的飞行时代，打怪、PK、集体作战、恋爱交友……一切均发生在广袤的天空！更爽、更炫、更酷，尽在《新飞飞》！

BOSS的另类打法：

传说中的卡BB大法

条件▶

法师 炎地火

【最好是90级以上的大法师】至于怎么发招，把视角拉到最大，一定要最大，然后调整鼠标位置直到能施法炎地火为止。

另外我就典狱长，雪狼王，大象，神龙单独说一下，典狱长上空圆顶没有立足地，所以需要一个刺客用轮舞挟持拉扯BB两次，定在有建筑物的下方，然后法师单击典狱长，随便使用一个攻击技能，就会自动到卡位点，后面的就是用地火烧了。值得注意的是，高级法师一般不会被典狱长爆死，所以7秒无敌放不放都无所谓。

接下来是雪狼王。雪狼王比较简单，主要是找到卡位点，之后不用调整视角，直接对地空放地火就行。卡位点的具体坐标我不记得了，貌似第一个坐标是（126，127），是狼王正上方的顶部，有个空缺口可以看到下方，但是值得注意的是 ，狼王的弹珠很厉害，而且到最后会连续暴击，所以一般法师都顶不住，这时候就需要7秒的无敌，方法自己琢磨就行。

狼王的大招发招慢，你看到提示2次弹珠，然后受到一次攻击时马上无敌，之后几乎都是无敌冷却，下一次暴击就是冷却之后，基本上和冷却时间符合。其他的不多说了，大象卡位有点麻烦，屋顶上去的时候很容易点不到大象，这个自己慢慢琢磨吧。卡位方法和前面的一致，暴击什么的也差不多，注意使用无敌就行。还有就是大象一定要有人在下面捡东西，因为不像前两个BB，大象那里下去很麻烦，卡位的法师就别想着自己下去捡了。

神龙看过别人打一次你就知道在哪卡位了。现在牧师庇护修改之后卡位开始麻烦了，而且一天才出2次。我就不多说了，所有卡BB的都要注意，最好是一个人卡BB，否则上面的其他人会受到双倍伤害，但是下面的人攻击不能过高，否则BB很容易脱离。最后的最后，卡BB会了，还有一个就是把卡住的BB拉出来，当然还有更损人不利己的，就是可以把BB卡死，谁都打不死，让他一直卡在那不停回血这些我就不说了，其实举一反三就会了。

注

新飞的地下城BB除了典狱长，其他BB就算120级骑士去顶也是没用的，从狼王开始，暴击就四五千，一般血低于1/3开始连续暴击，几万的血也不够他暴击的。所以只能卡BB打。当然想挑战的可以去试试，尤其是雪狼王，100级以上8人组去，看看能光荣牺牲几次。

典狱长还有一种打法，就是依靠2-3个牧师，加上远程攻击职业，比如高级法师或者弓箭手，牧师全部加血，不停地用治疗，自己也注意使用庇护。法师用单火秒，遇到拉扯马上地盾返回。典狱长的炎爆并不厉害，只要2个以上牧师不停加血是可以支撑的。当然牧师越多越好，以防有人牺牲了补上位置。这个方法的关键是远程和牧师加血。远程可以躲避很多伤害，加血一定要2个牧师以上，而且牧师和法师（或弓）都要90级以上，因为典狱长会有一个群攻，整个大厅几乎都能伤害到，如果牧师自己血不够，挂了一个，那攻击的人就完蛋了。当然，法师换成100级大奶妈也是可以的，牧师本身血量高，也有远程攻击。但是法师的伤害是法系里面最高的，打BB重在速战速决，暴击的时间间隔是固定，所以尽快打死才能减少死亡。

注意！ BOSS出没

掉落以及挑战攻略

掉落一览

监狱长： 45-59 的精良装备，图纸（39-49），65-69 的稀有装备，31-43 的精良首饰，105 的精良首饰，属性卡（1-2）

雪狼： 55-69 的精良装备，图纸（45-49），65-69 的稀有装备，61-63 的精良首饰，71 的精良戒指，41 的稀有戒指，属性卡（1-2）

大象： 65-79 的精良装备，图纸（最高见过 59 的图纸），71-73 的精良首饰，67-69 的稀有装备（比较罕见），属性卡（1-3）

守护神龙： 79-89 的精良装备，图纸（最高见过掉 69 的图纸），出过 2 次 89 稀有衣服（骑士、战士）81-83 的精良首饰，属性卡（2-3）

监狱长： 比较好杀，只要有 97+ 的号就能强顶，只要有牧师 + 血就好，注意拉扯和放大招杀那个很轻松，或飞到房顶，让刺客用夹持 2 次拉到 FS 能烧到的地方，卡 BB 更安全，据说监狱长其实每个职业都能卡。

雪狼： 直接上房顶（做飞行器上去飞到一定高度就能下滑板，要不就从斜坡上卡上去）或站到最高的灯上（得有别的职业帮你把 BB 拉过去）卡雪狼最怕的就是弹珠连弹，一般到少一半血时候有规律的放，注意 + 血就没问题，把盾顶上。

大象： 直接上房顶坐标（22，22）大象一般出来就在这位置，直接放群火卡就好了，有人就在地上放个号帮忙枪，和雪狼一样，弹珠连弹小心点一般不会死。

守护神龙： 是最好杀的，2 个高台随便卡哪边都行。我一般卡坐标（20，18）随便个职业把龙拉过去就好，神龙是打不上人的，只要卡上了基本就没什么悬念了。

> **注意事项：** 卡 BB，忌讳人多去打，虽然打的快，但是弹珠连弹不是搞着玩的，我们曾经 3 个 FS 卡大象，直接 105 的 FS 被秒，卡大象和狼 1 个人卡就好了安全，卡龙是人多了好杀的快。

可怕的典狱长

勇士们，冲吧！

紫电： 没什么说的只要 90-100 的号吃个双补在吃点鸡腿顶那个轻松。

剑圣： 其实也是很好打的，3-4 个稍微能顶几下的人，来回拖住 BB，没血，飞远点下去让牧师 + 个血，继续上来，只要不断 BB 不会回血，我们现在打剑圣，3 个人（1 骑士，2 战士），地上放 2 个牧师，没血就下去 + 下，在上来继续打，这个 BB 不会动，所以好打。

炎龙： 4-5 个人（2 骑士，剩下的随便，5 骑士更好）足够搞死它了，和剑圣一样带 2 牧师在地上 + 血，但是炎龙会追人，所以这时候，当血不到 1 半的时候就围着炎龙转，就是死了也千万别跑，那样 BB 会回血的，打的时候注重配合。人死了别着急回去，先看炎龙攻击了别人再回去，这样 BB 回血的几率就降低了。要是情况紧急直接用召唤拉死的人，别怕浪费钱。

蜜蜂： 8 人满团，还得带几个牧师，这个 BB 第 1 次是到 4 分之 1 血的时候就要往回跑回血，所以还是配合别给它回血的机会，就是别断攻击，没血的人直接围着它绕，死了看蜜蜂打别人了，再死回去飞来（复活点和蜜蜂太近了好爽），蜜蜂第 2 次回血，在血少于 4 分之 3 的时候和第 1 次一样千万别断攻击，为了防止蜜蜂回血，我们飞行器都打了那个减 3 秒还有那个，提升 65%，5 秒，还有 +10% 速度。

> **总结：** 蜜蜂和炎龙算是比较难打的，物理还是魔法攻击都很高，感觉持续掉血的时候可以稍微动下，换个位置，有时候就没灼伤了。这 2 个 BB 是比较注重配合的，尤其打蜜蜂别怕死，杀个蜜蜂被打死 20-30 次很正常，我们通常把蜜蜂队伍叫蜜蜂敢死队。反正打蜜蜂和炎龙就是要报着死的决心，千万别看没血就跑这样永远打不死他们。我们就是这样打的，要是有更好的方法，可以交流一下。

飞飞 吸钱大法 经典版

如何挣对方的钱，还让对方对你有好感

　　商人有好几个层次，其中的大部分只停留在为了卖而卖的层次，这种人赚的钱肯定少；中层次的生意人由于洞察顾客的心理，能够赚比平常人多好几倍的钱；而既能洞察顾客心理，又具有胆识的生意人是心理战场与商界中的王者，不仅能够挣钱，还能够赢得他人的佩服。

　　要想生意好，心理学真的少不了！所谓有的放矢：不论是卖茶鸡蛋的，还是卖楼的；不论是搞生产的，还是做推销的；不论是街头小贩，还是行业领袖；不论是买进，还是卖出——一律都要懂点心理学，才能把生意做到人的心坎里！

　　生意就是买和卖，做得好与坏不在于你付出了多少时间和金钱，而是取决于你有没有花费心思去琢磨对方的心思，因为买、卖是两种不同的学问。

　　对于做生意，最为简单且直白的理解就是赚钱。但赚钱只是做生意的一个笼统而不确切的说法，真正的会做生意的商人不仅仅是能挣到钱，而且他们会更巧妙地挣钱，不仅挣了对方的钱，还会在对方心里留下好感。

1. 先交朋友，后做生意

　　做单生意，首先要和对方搞好关系，无论你是买还是卖，多说几句好话是有好处的。切忌千万不要因价格过低或过高而与对方起冲突，这样对你是没有好处的。记住，我们的目的是促成这单生意，然后从中得利，而不是花钱找人来跟自己吵架的。价格不合适，可以商量着来，谈崩了，那好，拜拜！买卖不成仁义在，以后有机会再来，加好友，让对方对你有些许好感，说不准就多了个潜在客户。

2. 生意以诚信为本

　　某人见了你的广告，想买你的武器，谈好价钱是220万，之后此人说有事过会交易，而不巧又有另外一个人私聊你，说230万我要了。这时候你该怎么办？是追求最大利益卖给230万，还是诚信些，答应卖给220万？我的建议是，220万。虽然常讲无奸不商，但身为商人的我们，要时刻铭记，所谓的奸，不是要让我们抛弃所有的仁义道德。

3. "挥泪一甩"的豪情

　　要知道，市场价并不是成交价。有时候我们也需要适当放弃一点蝇头小利来换取顾客的蜂拥而至，正所谓薄利多销。此招不宜多用，有可能产生的后果是拉低市场价格（如果你的商品占总市场的一定比重），当然这样对于我们的发展也是不利的。但却可以有效的使资金回笼，利于下一步生意。

4. 客户的"面子"永远是重要的

　　其实这个问题应该和第一个问题合并到一起，为什么挑出来单说呢？因为它足够重要！做生意，还是那句话，一切以利益为重。一切可以影响到利益的事情千万不要做，包括喊话时，不要出现类似"记者滚""穷鬼不要M"之类的话，这样以来往往会收到适得其反的效果。

5. 告诉顾客事实真相

　　某件物品涨价落价，要明确的告诉客户。当然涨价要委婉，降价要更"委婉"。要透露给客户一个信息，我没有坑你，我卖给你的价格是合情合理的。这样以来客户尝到甜头，在这之后需要某件商品恰巧你有的时候，他会首先想到你。

6. 嫌货才是买货人

　　某人M你说需要一把武器，然后说这个职业现在如何如何的少，装备如何如何的贬值，你卖这么贵分明是要杀人云云……别不耐烦，往往这类人才是真正需要这件东西的人，不要不耐烦同客户讨价还价，他所说的这么多无非是要把价格再压低一些，好让自己不是很亏本。没关系，适当给他一点甜头，成交了才叫生意。

7. 客户渴望被重视的心理

告诉他你急需要钱，告诉他买了你的东西就是帮了你天大的忙，告诉他如果买卖成功了你会很感激他的。

8. 小本生意更需巧做

永远不要把你的货品打散讲价。例如一个好东东，3 000。某人 M 你，便宜些吧。你该怎么说？记住，千万不要说，2 500 卖给你。3 000*60=180 000。告诉他，一组 16 万吧，便宜两万，小本买卖赚不了几个钱。2 500*60=150 000-160 000=-100 00（所损失的）。看到了吧，这就是心理的作用。打散了讲价对我们没有好处。

9. 酒香也怕巷子深

你得喊呐！号角没有也要世界，同时注意世界频道有没有人收购你所有的商品。注意，永远不要在广播上打上价格，价格一定要两个人商量来确定。如果打上了价格，就会有很大一部分人不满意你的价格而不会与你沟通，从而损失了很大一部分客源。

和我 学赚钱

盗墓gogogo

盗墓迷城任务

今天星期四，是盗墓迷城任务。这个任务很吸引人的。我在这个任务里捡到过不少好东西，101 级别用的稀有戒指。101 的武器图纸。等等。而且经验也很可观，比同时间的唤魔多。

重赏之下必有勇夫，冲呀！

要说的是，这个活动的怪物都比较强悍，会和你的等级相近，所以死两次很正常。千万别抓狂。

我来说一下需要注意的几点：

1 别站的太深入，怪物刷出来，如果站的位置不好被群殴几下就被送回复活点儿了。

2 别贪多，怪物给的经验的确很多。让人心动，但是别因为贪多一次引诱了过多的怪物。然后变成了不能控制的局势。

3 捡东西要果断，站位，站位，站位。我一再强调的问题。

4 苟且偷生是必要的。如果你下手没别人快，没抢到怪物，切记找比自己级别低的怪物。已经被人抢走的也没关系，抓到猛打，有很大机率变成你的怪物。

5 pk 关——这里蛮有意思。如果你级别高操作华丽大可以大杀四方，人挡杀人……如果你级别不高呢？我推荐你两个方法。（1）跟着高级别的同伙跑，看到高级别人打你就跟着起哄，运气好是能捡到倒霉蛋被你打死的。（2）安全区的奇袭——躲藏在安全区，等敌人过来。趁其不备冲出去偷袭。如果被发现，没有胜算了，赶紧跑回来，如此反复，肯定有机会杀敌建功 ~~~hohoho。

6 然后就是最后一关了。几个小头目和大 boss，能抢到当然好，如果抢不到，站位，我这里要提醒的是，最终的 boss 爆东西的范围很大，别聚堆儿往中间跑！~~~~

以上就是盗墓迷城我的经验心得。

大家建功立业的机会来啦！

防骗专题

骗子退散

新型骗术&防护措施

飞飞越来越多的骗子团伙开始运做了，新型骗术出现大家注意提防。

1. 收购多种物品，出现下拉菜单。同一种物品收购两个价格，其一是略高于市场价，其二是非常低的价格。高价的放在上面，低价的放在最下面，高价的品质保险均为 10，低价的无要求。

等玩家看到收购者收购物品高于市场价，觉得合适，可以卖，没注意最下面还有个低价收购，由于卖的物品肯定不符合高价收购的原则，但是符合下面低价收的，结果就出现受骗上当的现象，请各位要卖东西的朋友一定要看好！

2. 摆摊收购，数量和价格混乱，比如收购价格为 1，收购数量为 100W。

3. 摆摊收购的同时也有销售，其中销售和收购为同类物品，其中保险和品质等属性却不相同，比如销售价格为 50W，收购价格为 100W，但是你购买后却不能再卖给他，因为品质等属性不同。

4. 建小号取类似名字去朋友或家族内行骗借钱。

5. 5173 交易前，在网吧通过网关向 5173 账号充值，网关充值成功后，马上通知银行取回刚刚充值的钱，你的账号里面等于没钱。

6. 淘宝交易，卖家不是通过旺旺和你聊天，确是通过 QQ，目的是为了传给你一个仿冒淘宝网站，你打开后没发现什么不同的地方，但是仔细看却会发现他给的链接其中有一部分地址和正真淘宝的不一样，建议通过这种途径交易的人，在你拍下淘宝物品后，退出你的淘宝账号，重新登陆一下，看看你的账号里面是否有已经拍下但是，还未付款的交易，因为仿冒的淘宝链接虽然你拍下后，但是你的账号里面不会存在这个交易的。

同时在淘宝付款时，千万看清楚你是汇款给支付宝，还是其他什么 X 付通什么的，切记淘宝交易，你是打钱给支付宝的，其他什么的都是假的。

交易平台

目前网络市场上主要由第三方平台交易完成

5173： 目前可算是国内知名主营的网络游戏交易平台，近期冒充客服的很多，如果卖家介绍你去 5173 交易你先别急着打钱，慢慢来。首先是要验证一下客服 http://www.5173.com/CheckKefu.aspx ，验证好了，开始咨询你刚拍下的物品，会告诉你在哪交易，不要盲目的，别人发什么网站你就点，可能是冒牌网站或挂上了木马。游戏内部被骗，通常先是很大方慢慢混熟，然后借这个那个的，这就要靠自己有没有看对人了。还有摆摊的时候要看清楚收什么，眼睛放亮点。

淘宝： 买家拍下物品打钱到支付宝，（别急着确认收货，你确认了可能你钱会打水票）然后叫卖家游戏里面交易你刚才拍下的物品，收到后再去确认了。卖家，等买家拍下后显示等待买家付款这时候买家催你发货你可别发，为什么呢？因为钱还在他家没动呢，只要他付款了，支付宝是会有提示你发货的。

拍拍网： 交易同上。

银行转账： 本人非常不推荐，没有任何保障。

令人堕落的精炼资料

小编按： 新飞飞里最美丽的不是时装，而是那些高级精炼之后的装备，小编挚爱那些+10装备，闪闪发亮，让人止不住的流口水啊！可是精炼道路不是那么好走滴，每次精炼需要付出多少呢？请看本文。

如果你不追求太高的目标，那么低一个档次的稀有是你最好的选择。低档次的稀有拥有比高一档精良更好的属性，同时具备保险和品质的优势，为精良降低了大笔成本。而且武器装备+5之后防御和攻击提高37%，+7提高52%，绝对不比高级装备逊色。

按照这个公式计算：57的稀有+7装备防御效果=97的精良。

这里首先要讨论的就是这个保险。我现在才知道，原来我那个+1之所以成功是因为我的保险系数是100%！并不是我的rp好！

另外，经过计算，+7是需要95个保险石的。t也就是说，我得普通魔石可以用到55级的装备上！可是我只有4个，抽奖给的，难道是在shop里卖吗？能不能游戏获得啊？

另外问，可以精炼的除了武器、装备，还有飞行器？飞行器精炼了会怎么样？加速？变样子？变属性？

我现在不是追求稀有的问题，炼精良都买不起，昨天下定决心才给朋友作了两件精良，我自己还穿白衣服，连怪物都笑话我了，钱怎么赚呀……

▨ 下面是我收集的精炼资料，均来自官网

保险1~保险2	魔石花费 1个
保险2~保险3	魔石花费 2个
保险3~保险4	魔石花费 4个
保险4~保险5	魔石花费12个
保险6~保险7	魔石花费52个
保险7~保险8	魔石花费125个
保险8~保险9	魔石花费350个
保险9~保险10	魔石花费850个

30~60级保险需要普通魔石	普通价格：	120个4 860金币（打折和优惠后）
60~90级需要优质魔石	优质价格：	120个19 440金币（打折和优惠后）
90级以上完美魔石	完美价格：	120个116 640金币（打折和优惠后）

新飞飞玩家糖糖 1000 教你最潮的赚钱方法

游戏里发现个赚钱的规律，总是新出的东西价格最贵。物以稀为贵。

自从游戏里调节了任务卡片的掉落机率，便产生了一种新的赚钱方法。刷任务卡卖钱。

关于刷任务卡优点是：可以24小时刷。不像其他的任务活动一样有时间限制。

缺点是：需要大量的时间大量的红和蓝。

时间是不能省下的，就算你什么都不做，时间还是照样流走，但是红和蓝就可以省下。

1 这次我以多多鸟为例子。

2 怪物密集度很高，刷起来也不吃力。

3 有这样一种装备，攻击敌人自己会涨血。

4 再配合一个这样的装备就可以不用补血补蓝不停的杀怪就可以啦。这样的装备其实也不是特别难买，经常去刷怪就能刷到一两个。或者在市场上应该也能收到。首饰也带有这样属性的。

5 如果你想练习宠物你还可以开9倍来杀。

6 一番战斗后就攒够了卡片交付任务，还有很多剩余的可以卖钱。平时没事儿就可以去刷卡片去卖钱。24小时能赚钱的任务不多呀。这个任务真是杀怪狂们的福音。

 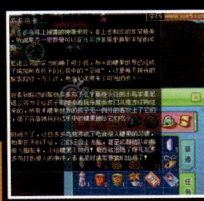  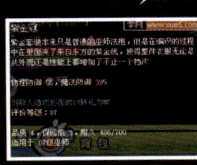 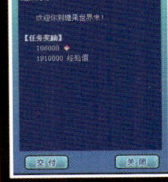 

新飞飞美丽女孩

游戏角色名：Te,,,嗯，迷人 "
游戏ID：3481186
服务器名称：射手座
参赛宣言：城市灯火，对比我内心的落寞

票数 18.2%

游戏角色名：灬缦沫、菈妆.
游戏ID：2565395
服务器名称：北辰座
参赛宣言：茉湜春天、笆浍洧垅ル茬怒傲、

票数 16.5%

除了2名封面女孩之外，比赛也决出了10名新飞飞美丽女孩，她们也有机会登上新飞飞记者团的期刊封面哦！

游戏角色名：´☆奶糖°
游戏ID：834927
服务器名称：双鱼座
参赛宣言：
不知何时习惯上有Fly的日子，你我因快乐而飞翔，这就是我一直找寻的那个简单却及至的幸福。

票数 14%

游戏角色名：'菈罂紫裳。
游戏ID：10607878
服务器名称：火云座
参赛宣言：
每个人都是一幅画，用时尚与魅力演绎最完美的瞬间。

票数 12.9%

游戏角色名：、千色
游戏ID：3403137
服务器名称：修罗座
参赛宣言：
可能大家都在乎成功，不甘失败，可我不在乎胜利，失败不过成长中必过的坎坷，而拥有SMile，才是胜利。

票数 6.2%

游戏角色名：天使可可。d27
游戏ID：9092827
服务器名称：火云座
竞选宣言：
我有信心 如果都不拉票的话

票数 4.6

游戏角色名：浓妆芟绣
游戏ID：7023760
服务器名称：北冥座
参赛宣言：
希望幸福永远陪着我。

票数 4.0%

游戏角色名：№说好不分手
游戏ID：506851
服务器名称：双鱼座
参赛宣言：
输赢不重要，重要的是，重在参与，嘿嘿。

票数 3.5%

票数 3.0%

游戏角色名：涟漪青清
游戏ID：3806956
服务器名称：白羊座
参赛宣言：不管水有多深，路有多远。我会坚持下去

票数 3.0%

游戏角色名：Muma_佳佳
游戏ID：4191350
服务器名称：摩羯座
参赛宣言：
飞飞有你、还有他（她），没有我怎么行？

票数 2.5%

游戏角色名：专恋【猫猫】
游戏ID：512512
服务器名称：双鱼座
参赛宣言：
我可以冷眼旁观的漠视一切，然后骄傲的让人嫉妒。

票数 2.5%

游戏角色名：。。。嫚味沙漭、
游戏ID：19678517
服务器名称：南冕座
参赛宣言：
镜中模糊的轮廓，我依然还在相信自己的美好。

玩家相册
player

刺客篇

职业名称	刺客
职业描述	刺客身为黑暗的舞者，很少光明正大的出现在人们面前。为了隐藏身份和追求瞬间的爆击，他们不惜长期在黑暗中默默地忍耐。他们那种特别的战斗和生活方式，为很多人所不耻，但是大数人在私下还是非常愿意与他们成为同伴的。因为，没有人想把他们作为对手，那会寝食难安的。
职业特色	刺客向来是神出鬼没的，大部分情况下，他们不会正面跟敌人交手。他们喜欢先稳定局势，然后再暗中寻找机会。往往在对手看到他们的时候，他们显现出来的瞬间的强大力量，就足以将对手死。这种神出鬼没的攻击方式，会让任何一个对手心惊胆战。刺客喜欢使用飞轮，他们相信这会带来更大的爆击和冲撞力。
职业优点	物理攻击高，物理防御高
职业缺点	血没弓多，攻击速度比弓低，属于近攻职业。
属性点参考	敏捷、力量、体质
伤害类型	物理系、偷袭伤害

一瞬间的艺术 ——经典PK解析

刺客PK常用的技能，潜行、散失、迷失，绞杀、群隐、暗杀、疾奔。

潜行：	非战斗状态下隐身25秒，对敌人伤害增加20%，受到伤害或被侦测时显形。
暗杀：	造成345%物理伤害，在隐身状态下爆率额外追加+50%。
迷失：	造成472点直接伤害，在隐身状态下将对手昏迷3秒，常规状态下使对手迷乱4秒，任何攻击都会使其醒来。
散失：	使范围内7个敌对目标物理命中降低30%。
疾奔：	移动速度增加50%，闪避增加30%，持续12秒。
群隐：	使5米内友方隐身12秒，对敌人伤害增加10%，移动速度降低30%，显形方式同潜行。

注： 同时使用散失和疾奔两种技能，能有效强力的降低对方的命中提高自己的闪避。

1.新飞刺客PK不能墨守成规的一套技能，要随机应变，手法要快。

2.新飞刺客加点建议敏满然后加力，追求的是攻击。把攻击和爆击堆的高高的，偷袭都是致命打击。

3.新飞刺客靠躲避吃饭的，建议轮子砸暗属性，又有技能冷却效果，能及时把握时间，致对方命死。

4.新飞刺客带宠建议带敏宠，最低不能低于7.0悟性。如果是三星的敏宠最好，那一套动作下来，感觉是相当不错的。

5.新飞刺客的装备属性，建议大家把+5+6+和蓝属性全部洗成偷袭属性，最好是+10以上，+8和+9可以洗成偷袭属性也可以洗成+敏捷属性。因为我们追求的就是高伤害高爆击，追求的就是一瞬间。

刺客：一瞬间的艺术

介绍下刺客最经典的招式：潜行、迷失、平砍2下、绞杀、群隐、暗杀（昏迷三秒内完成，建议新人用此套路钻研）

刺客PK各职业精讲（竞技场内，同等级同装备。刺客同任何职业PK都是先手、除同职业）

刺客VS战士：

1）刺客隐身，迷失。迷失一定要等战士狂气技能结束后再放（一般强点的战士不会傻先开狂气）然后平砍2下，绞杀、群隐、暗杀（另外失散可以选择在此之前丢也可以选择在此之后丢，因为在这套动作完成之前战士是处于昏迷状态建议没有极高反映和手法慢的同学在之前丢出来）。暗杀结束之后迅速开疾跑，平砍他。这时，战士会用血辉、强点的战士会先给你破甲（如果你中了破甲，接着就是一阵狂砍，这样的情况下一般会刺客致死。但是如果运气奇好，全躲避了也说不准哦，那就是战士致死。）如果见你没中破甲，战士会选择逃跑（一般的战士等你3秒那套技能结束之后会直接跑开用血辉，因为他处于你的失散内）这时，刺客迅速拉扯平砍、续丢技能，将战士致死。

2）刺客打装备比自己好一点的战士（同样可以选择第1种），可以分2批进攻。刺客隐身、迷失、绞杀暗杀，这时刺客的血基本上下去1半左右，然后群隐跑开（如果被战士贯穿，造成每秒掉血，建议你疯狂走直线跑，别跑出PKC就行），看好时间等没秒掉血的状态消失后群隐，然后掉头找到战士丢失散迅速迷失、绞杀暗杀平砍，3秒结束开疾奔平砍，战士致死。

刺客VS法师

开场前法师开电盾，会在人物四周放大量群火，刺客隐身先跑开（千万别被他群火烧出来），等他群火铺设完毕，直接拉扯、迷失、平砍2下、绞杀、群隐、暗杀（昏迷的3秒内完成此套动作）。这套技能下去法师基本致死（无敌系派不上用场），如果不挂，刺客就等死吧（除非那个法师是菜鸟）。

刺客VS巫师

刺客隐身、迷失、平砍2下、绞杀、群隐、暗杀（昏迷三秒内完成），巫师基本致死（不死的话就是刺客死，除非那个巫师是菜鸟）。

刺客VS弓手

弓手有鹰眼，能探测15米范围内隐身的目标，所以开场前刺客隐身先跑开（离弓手有一段距离），隐身上前拉扯弓手，迅速迷失（有一定可能会被探测出来），不过没事，如果是弓手是被迷失三秒，那就按照昏迷3秒的那套技能平砍2下、绞杀、群隐暗杀，弓手基本致死。如果是弓手被迷乱而不是昏迷，那就直接群隐放暗杀，然后绞杀、平砍，这样的话弓手一般死不了（如果你平砍都出爆爆，那弓手基本致死）。如果没死，弓手会冰你，冰你的话，等冰结束之后开疾跑跑上去，追的时候看好弓站的位置丢个失散过去，到他面前就是丢技能平砍，总之这是唯一的最后希望了。

刺客VS祭祀

同装备同等级下刺客打祭祀还是比较好打的，开场祭祀放蛇油放蛋，会放群攻。刺客隐身、失散根据后面2种办法丢。总之丢他脚底下（选择直接丢失散的时候看他放群的频率，总之我们是隐身的，慢慢在边上看着，他一有疏忽就上去一个迷失），然后按照昏迷3秒那套技能，平砍2下、绞杀、群隐、暗杀，然后开疾跑平砍，基本上祭祀致命。

刺客VS骑士

打骑士就是耗啊，可以分很多次进攻去调戏他，直到耗死他为止。骑士血多攻击相对较低，开场隐身，先跑开一下，因为有的骑士喜欢先放个群，别被群出来，丢个失散在他脚底，然后昏迷3秒套路，迷失、平砍2下、绞杀、群隐、暗杀，然后开急跑砍，等群隐技能回好了，立刻掉头群隐跑掉（群隐结束你也可以用潜行，因为群隐结束也差不多脱离战斗了。偷偷回血回血，刺客血少回的快，骑士血少不快，当然你要看好骑士的血，别让他回太多，宁可自己没回满就上，反正我们有失散有疾散，又有群隐逃跑，不怕的），然后按照刚开始的套路继续这样折磨他，基本上2次攻击就可以把骑士致死了，两次不行就3次呗。

刺客VS牧师

同装备同等级下打牧师也比较好打，牧师开场先打盾，放个恢复术，放圣光大地，刺客隐身先跑开（算好他圣光大地的时间、等快结束的时候上去晕他），然后按照昏迷三秒的套路，迷失、平砍2下、绞杀、群隐、暗杀，这时候要么他已经死了。要么他就必须绞圣歌，三秒套路完毕迅速开疾跑平砍他（这时候看的就是绞杀和暗杀啥时候冷却好，砸时属性的效果就能体现了，就是要抢技能时间。），然后绞杀（因为绞杀比暗杀先回好，暗杀是来不及放的），要么他死要么你死。

刺客VS刺客

前提不许潜行，开场2人都是明的，先拉扯然后迷失（一定要先迷失他，也有可能2人一起迷乱，或者你被对方迷乱。）如果你先迷失他的话就丢失散再群隐然后暗杀（我习惯在这个群隐中就把疾跑放出来，要之后他晕你的话会很惨）然后绞杀、平砍，如果2人一起迷乱的话（有个小窍门千万别先开疾跑，那你就浪费时间了，应该先给对方一个绞杀，然后群隐开疾跑暗杀。）、平砍。如果你被对方迷失了，那就看你造化了。总之都是先迷失，然后处理后面的套路，刺客打刺客就是看躲避看爆击。

也有刺客打刺客的时候很搞笑，2个人都放了失散分别在2边，你打我一下然后跑回你的失散，我打你一下然后我跑回我的失散，都想把对方引到自己的失散里来打。以上是我自己总结出来的一点点小经验，如有其他想法和意见的还望多提宝贵建议。

法师篇

职业名称	法师
职业描述	高塔中的法师看起来永远是那么的神秘，一生的睿智都在思索着世间最为深奥的道理。他们随心所欲地驾驭大自然的元素力量，瘦弱的身躯拥有超强的魔力。只要你与一个真正的法师稍做接触，就会被他们智慧和知识所折服。向他们请教问题，总是可以获得满意答案。
职业特色	法师热衷于钻研大自然的力量，随心所欲驾驭各种元素，可以让火焰在敌人身上燃烧，可以点水成冰冻僵敌人的身躯……团队作战中，他们在队友的保护下，能够施放大范围伤害魔法，展现出恐怖的杀伤力。除此之外，他们还能通过一些元素的魔法，来控制整个战斗的节奏，以达到左右战局的目的。所有法师都使用双手法杖，以技能攻击为主。
职业优点	法攻击高，魔法防御高
职业缺点	物理防御物理攻击很低，血少。
属性点参考	智力、体质、精神
伤害类型	魔法系、元素伤害

精辟谈法师

这一篇主要写如何提高法师的操作，法师如何群战的文章。群战，顾名思义，很多人一起打架、火拼，存在很多不公平，PK技术是关键，请大家看第一章。

如何提高法师的操作

法师有着很强的操作性，这和法师的技能有关。炎陨星晕3秒，无敌7秒，冰环6秒定住不动，用得好，至少16秒，敌人无法攻击你，这是法师的控制技能。瞬移跑20米，风刃打断技能，龙卷风打断技能晕0.5秒，这是法师的技巧技能。操作成就法师的强弱，我提供2种方法，以便大家练习自己的操作。

第一、不带守护单挑头目。我不到105级的时候，装备是97~99精良一套，可以单挑黄金迷城到风蚀岛所有头目，那时候只有鸡腿可吃，每2秒400点HP。但是注意自己别跑出头目的活动范围外。这样头目就会跑回去了。然后我们单挑就没意思了。

第二、在PKC单挑骑士，战士暴力，我指的是人家要是带105精良+5一套，你就带77~79精良+5一套，找这3种职业陪练，但是技术一定要好。可以吃星星糖，这种情况下，只要我们能够灵活的躲避他们的攻击，不被弄死，拖个3~4分钟或时间结束，我们的操作就相当可观了。

3种职业随你选，战士难度最大，我带自己装备，最佳记录是拖120无几传说灵魂链的暴力，拖了3分多，她杀我，一套技能的开头就是8000，当时无敌得慢了点，不然瞬间躺下。等你把第一种方法灵活了，再用第2种方法操作水平就会进一步的提高。希望大家可以试一下我的方法，来提升自己的操作水平，相信会有明显的效果的。

法师群战的奥妙

战斗的规模决定法师的价值，我为什么要这么说呢，就是因为法师既强大又脆弱，法师在队友人群中可以保护自己的时候才强大，所以小规模的群战是对法师很不利的，因为人不多，战斗节奏很快，技能冷却时间也跟不上，就导致了法师的高输出很难体现出来。而且法师就特别容易成为敌人的目标，当法师被敌人盯住，自保都不行，那还谈什么高输出呢。当无敌、冰环、瞬移都在冷却的时候，再被攻击，那我们就很无奈了。所以法师群战必须保持，冰环、瞬移、无敌，其中一个技能是冷却的，不然很危险。战士对法师的危险就来源于可以无视掉这些技能。

我个人发现，战斗规模越大，越适合法师，规模越大的战斗，战斗节奏就越慢，用时越长，给予了法师充足的技能冷却时间和补血时间，而且在人群中受到隐蔽，10来个法师同放地狱火，那效果是很可观的。而且法师在大型群战中，占有调节战斗节奏的作用，双方百人的战斗，法师的发挥可以决定成败。

法师一定要勇敢。当敌人冲过来的时候，法师可以用瞬移+冰环+大火，自己无敌，然后跑到自己队伍的后面，放大火缓解自己技能冷却。这时候肯定有敌人被定住了，那敌人前方冲过来的人就少了，本来敌人先锋冲过来了30人，结果我们这边法师冲过去定主了15个人，最后就冲过来敌人前方就15个人在往前冲，我们先锋30人，打敌15人那不是很好搞定吗。当法师无敌的时候可以吸引对方主要技能，打在法师身上是无效的，那他们的技能就浪费了，法师起的就是这么一个漏斗作用：减慢敌人的冲击力，帮助我方更好的杀敌。法师、巫师远程攻击，我们就用瞬移，这样敌人就失去了目标了。

近攻职业，我们就用冰环、无敌。我们杀人的时候快打死他了，这时候却自己脱离的队伍，那就赶紧回到自己队伍，不然被盯住，无敌没好的时候，估计就死了。学会保命，才能发挥出高输出。所以保命第一，杀人第二。自己团里的人，也要对法师多多保护，两军对峙的时候，靠的就是法师的地狱火，往前压，我方法师地狱火把那敌方压的直后退，哪方就有优势。法师群战不能莽撞，大型群战，局面法师控制力很强，颠峰战，法师的群火很恐怖吧。

这2篇写完了，希望可以作为大家的参考文章。第一篇可以练习法师的操作，第二篇可以让你明白法师适合的战斗，该注意什么技能和在群战中t处于什么地位，希望大家看了会有帮助了。

法师VS 战士 弓箭 巫师 牧师

我以前没事经常上论坛来看看有什么好帖子，我发现有99%的玩家发表的关于PK法师职业的看法都是这职业很差，甚至血少不适合PK，无任何职业特点，今天我想来说说法师关于PK的个人研究，特地挑了3个职业。

第一个职业：战士

首先战士是一个战斗效率非常高的职业，战斗往往都不会拖很久，法师想要打赢战士，就得考虑如何从战士高效率的战斗节奏中找到自己的施法时间，找到属于自己的战斗节奏。这点是很关键的，战士是一个强大的职业，我们法师必须严谨的使用技能才可以取胜。

下面我模拟出一场简单的战斗。野外，同等级装备战士不带狂气向我们跑了过来，进入我们技能范围后，我们先小火+大火+瞬移（往战士跑过来的方向用）+龙卷风+冰环+风刃+大火。这套技能下来战士不用光辉就肯定死了。这套技能的奥妙就在于废掉了战士的冲锋，小火完了大火，战士已经跑了他的冲锋范围，冲锋是可以随着瞬移而移动的，我们瞬移刚刚好会落在前面我们放的火里，战士也自然落在了火里。战士如果不用冲锋，自己跑过来死得更快，这时候如果战士用技能被用卷打断晕0.5秒，开狂气，一样被龙卷打断狂气技能晕0.5秒，这样战士的战斗节奏就被打断了。冰环后，战士就跑不了了，战士用摘星，可以用风刃打断，要是战士前面没开狂气，现在狂气跑开了，法师就先跑，无敌，我们无敌完了，战士狂气也没了。大火小风，战士肯定死。

我们这样的技能顺序就克上战士了，这里面瞬移很关键，打战士，瞬移迟早要用，那为什么非等战士冲到我们面前逼我们用呢，这样我们就被动了。瞬移后，被战士追着打，这是被动，瞬移后，我们打战士这是主动。你要是把瞬移技能当做逃命技能，那你就很难打的过战士了。主动后的我们，基本就可以掌握战士这个时候得用什么技能。

牧师PK，自己没HP了加个大补一样，打战士要特别细腻，用错一个技能都是致命。大家千万别让战士一冲到我门前面就慌了，不带狂气的战士并不可怕，希望大家在我的文章里能学到东西，我上面列举的是一种情况写得很详细，很多种情况都没有写到，请大家多多包涵。但是打法上都是大同小异的，剩下的就给大家慢慢摸索，我提的只不过是一个思路，总之战士和法师真的很有一拼。希望玩法师的朋友继续努力，创造法师的辉煌。

第二个职业：弓手

弓手是唯一一个不用吟唱的远程职业，对战斗节奏控制的很好，法师要想杀死弓手，必须学会使用基本的读秒。等级装备一样的法师和弓手在实战中，法师和弓手远处对战，施法一秒，火球飞到弓手面前，又得一秒多，到火球快碰上弓手，弓手马上用金蝉脱壳，就直接导致了法师攻击无效。然后，法师的第2个技能直接被金蝉脱壳打断，这时候弓手全都是有效攻击，法师全是无效攻击，很多法师让弓手用了一个金蝉脱壳，自己就乱了技能，而且那些技能都对弓手无伤害，慌忙中乱跑中了陷阱。开无敌，不看方向的瞬移，这样就导致些主要的技能都乱了，局面也被动了，这都是导致法师失败的主要原因。

我认为法师无敌，不仅仅是避免伤害，更大的用途就是帮助自身技能的冷却，以及调节战斗节奏。其实想打败弓手很简单，稍微的动点脑筋就可以。碰上弓手以后，我们要最好离弓距离要远。

首先大火+风刃，瞬发技能命中率很高，很有可能打断弓手用毒、陷阱或金蝉，然后用炎陨星，逼弓手用金蝉打断炎陨星。当弓手用过金蝉以后，法师就往自己的后面瞬移，这时候弓手将失去对于法师的目标，也跑出弓手射程范围外。金蝉无敌是4秒，自己瞬移以后，反过来在杀弓手，反过来在杀弓手的时候要读秒，在弓手的金蝉还1~2秒无敌时间，然后跑到自己范围施法，小火+龙卷风+小火+大火，小火施法时间1秒，火球刚刚飞到弓手面前1秒多点，这时候弓手无敌时间刚刚好消失，命中弓手。

龙卷风可以晕弓手0.5秒，当攻手重新发招，手飞到我们面前0.5。这时候我们第2个火球已经发完，大火瞬发，然后无敌，弓手的手也对我们伤害降低了，和前面火球飞到弓手面前，弓手用金蝉有相似之处。无敌完了，弓手还没死，大火+风刃基本战斗结束。

必须注意的几点，读秒要准，不能在弓手金蝉的时候打他，不能在弓手金蝉后乱跑要是中了陷阱，那打赢就希望渺茫了。打弓手，风刃、大火，瞬发技能很关键，千万别用到了金蝉后的弓手上。无敌是用来过度风刃技能，冷却的不能乱用，尽量避免。弓手再次用穿扬冲击打断法师攻击节奏，总的来说打专业弓手比较勉强，操作很好的法师才能打赢弓手，当弓死后，我们往往都是接近闪血。希望大家在我的帖子里学到打弓手的技巧，法师朋友继续创造我们的辉煌。

第三个职业：巫师

这一篇写得比较啰嗦，希望大家耐心看完，谢谢了。

其实法系PK都有一个特点，操作一样的情况下，就得看双方的爆击如何了。巫师取胜法师的到底在哪呢？恐惧，这个技能是巫师取胜法师的关键。巫师的毒虽然厉害，但是只能持续掉血，也不出爆，巫师实际上单法伤害较高的就一个——灵念。

巫师没有秒人技能，我的魔爆49.6，打巫师，一套技能3秒解决巫师。施法时间不算，连续爆击巫师死得更快，但是打架中巫师是不会站那给我杀的，不用恐惧的巫师是很难打过法师的。主要还是说说PKC的情况吧，巫师到数1秒的时候，他们用了隐身，巫师出招显身的时候，速度用个大火，最好上一个风刃，运气好可以打断恐惧。用的时候速度要快，然后恐惧完了，自己元素盾没了，也不要用了。这时候我们中毒肯定是狂掉血，速度一个瞬移到巫师身边，这时候巫师会短暂的失去目标，瞬发技能大火，冰环，这时候巫师肯定推开法师，我们马上龙卷，晕他0.5秒。小火、大火、无敌。这时候我们基本闪血，巫师在3个地狱火的情况下，绝对会被烧死。定住了他以后，巫师跑不了。

其实对法师来说，只要注意巫师恐惧就可以了。不用恐惧的巫师是很难杀过法师，能用风刃打断恐惧最好。打巫师最好多用大火，逼巫师跑开你的大火，跑的时候，巫师是无法发招的。战斗过程中，巫师只要一跑，那他肯定被动，这种情况下多数是我们赢。打赢巫师还得想办法把巫师引到自己的地狱火里，用冰环定住，中毒后，我们一定要无敌。但是在无敌前先把瞬发技能发完，打巫师的妙点不多，双方战斗结束得也很快。

总的来说，法师单巫师的实力还是差那么一点点，毕竟巫师的技能很适合单条，巫师杀法师操作要求很低。法师想杀巫师操作要求很高，还得看运气，希望大家在我的帖子里有学到反驳巫师的方法，写得很详细，希望大家别觉得罗嗦啊。

特地挑这3种职业写，并不是为了证明法师很强，只是想写一写我个人打架的经验。

最终强化

本文是针对职业怎么样强化而写的，希望各位高手看了后对自己职业有重新认识。新手看了也有帮助，看文章之前，请大家估量一下自己到底会对飞飞准备投资多少，接下来就写正题吧。

大家都知道，现在飞飞同等级PK，装备有一大半的功劳了，一部分看技术，一部分看自身的属性点和宠物属性点、宠物技能。但是大家普遍认为法师+智力、战士+力量、骑士+体质，这是不变的定律。但是在新飞飞里只正确了一半，我的看法是职业会随着装备等级的提升人物属性点和宠物，装备洗出的属性也会随之改变。人物等级越高装备越好，职业之间的特点就会越鲜明。

法师

我是玩FS的。前期可以全智力，体质，后期就得换加点法和宠物属性了。

我108级，装备不算好，105传说帽子+5的105双7光的法仗，105精良+5的衣服，95精良+5手套，105传说+5鞋子。

属性点：全精神后，全智力。宠物全精神悟性7.2，60级，1星。

首饰：一对稀有耳环，一对精良戒子，一个稀有项链。状态后，魔法爆击达49.6以上，魔法攻击也有1250加生命14500+。

大家可能会说魔法攻击低了点，我也知道，但是我追求的不是攻击，而是爆击。2火球可能基本1个出爆，相比之下，如果我按大家普遍认为的加点法相比，哪种FS、PK会强一点呢？其实我可以做出一个无极的传说衣服，但是我选择了做零件，因为我只有这么点资金。我得把用到让自己职业强化的最高点，相比之下，衣服的属性点的魔法闪避，而帽子是暴击，鞋子是移动速度，我觉得暴击和移动速度对我帮助最大，所以我选择了帽子和鞋子，而没有选衣服。手套精炼效果最小，自然不在我考虑范围内。法师的追求应该是一个由防御、攻击、爆击、攻击的过程，当防御血够了就得追求攻击，当攻击够了就得追求爆击，当爆击达50左右的时候，再反过来增强自己的攻击，全面提升，而不是单追求一种达到颠峰。

巫师篇

职业名称	巫师
职业描述	巫师使用被称为暗影术的能力，他们内心深处一般都背负不为人知的苦楚，期望通过研习暗影术改变命运。这却导致世人对他们的误解，将暗影归结为最阴暗的能力。绝大部分巫师同样怀着世人对他们不解的念恨，偏执的研究暗影的奥秘，坚信总有一天能够获得和法师一样的地位。
职业特色	巫师在研习暗影之术改变命运的过程中掌握了很多负面的黑暗魔法，他们通过这些负面魔法，可以成功地干扰对手进攻节奏、削弱对手的战斗能力，然后慢慢将对手折磨至死。将一个巫师作为对手，显然并不是一件很愉快的事。事实上，只要你不对他们抱有敌意，他们并不会伤害你。巫师喜欢左手持盾右手持魔杖，诡异而让人恐惧。
职业优点	比起老飞来，精神相差很大，但还是很强大。对操作技术的要求比较高。
职业缺点	魔法攻击和物理攻击都不高，防御也不高，血也少。
属性点参考	智力、体质、精神
伤害类型	魔法系、暗影伤害

巫师当自强，
小谈巫师如何对付天敌刺客

昨天杀了一个刺客n次，以前我80多级左右的时候就开始和一个一百+的刺客为敌。每天杀来杀去。我想以德报怨的，可是失败了。打就打吧。渐渐的我赢的次数越来越多了。我没用过刺客。论坛上看到有人写这样用刺客打巫师：

刺客杀巫师：

比法师更好杀，用疾奔、用昏迷用、1个打的【注意就1个2个的话你会中他的毒使你脱离隐蔽状态的】然后用群隐，由于没毒所以就可以继续用隐蔽直接用2个打的就OK!（成功率95%）

我现在总结的都是实战经验。不包括pkc的战斗

第一种情况：

刺客没隐身，你先发现了刺客。先丢幻象恐惧，这里我要说一个问题，很多人认为如果两人的级别差10级幻想恐惧会失效，这个不是绝对。我从80多级的时候就开始对100+的人使用幻想恐惧成功率也超高。动画片里也说过，运气也是实力的一部分嘛。幻想恐惧后我通常先暗言毒咒，用这个可以有效的阻止刺客隐身。使刺客一直保持被攻击的状态。在丢出暗言毒咒的同时马上丢出风阵困住刺客的行动。让刺客不能发挥机动性。这时候如果我觉得有胜算就直接大招暗言灵念结果了他。如果没有把握，这时候我就会选择隐身。让他找不到我，然后再用大招杀掉他。刺客不是骑士，经受不

住几下你的暗言灵念。通常明智点刺客会选择逃跑。这时候你的风阵困着他跑不起来，对巫师是很有利的局面。而且毒的状态也一直存在他在一直掉血。跟踪杀掉即可。当然也有自信的刺客跑来杀你，跑过来就直接螺旋旋风弹开，继续大招。

第二种情况：

被动式被刺客发现了他处于隐身状态。这里我要提出一个前提。是不被他秒杀。如果被秒杀以下说的一切都没意义了。他的混乱加上第一轮的攻击没杀死我，机会来了。别犹豫直接螺旋旋风。套上幻像恐惧。这样是双保险。如果第一下没弹开，还可以混乱他一下。弹开后马上隐身。有人说弹开后应该丢风阵啊，困住对手。我觉得这样是不对的。因为第一轮攻击后ws的血剩下的已经不多了。经受不住第二轮的折磨。所以考虑保住生命然后再策动反击。隐身后再按照第一套打法，丢毒加大招。成功的机率很高的。这里切记一个前提。别被刺客秒杀。

ps：不被秒杀的方法我提供几种，1带体质的宝宝 2提高级数 3好装备
最后总结一句话，珍惜生命远离刺客。

作者：无水の鱼

祭司篇

职业名称	祭司
职业描述	祭司们一般四处旅行，不断地磨练着一种来自东方僧侣的战斗方式。他们非常自律，除了日常祈祷之外，就是在不断地锻炼。在游历的过程中，他们还掌握了一些神秘的能力。一般人会觉得这些孤独的旅者很难交往，但武技追求者在与祭司的切磋中，总能迅速与他们结成深厚的友谊。
职业特色	祭司是苦行的僧侣，他们不担拥有精妙的拳术，还能以信仰增加自己的力量。在团队战中，他们通常冲在第一线，凭借敏捷的身手，与敌人展开游斗；而在战斗形势危急的时候，又能后退以神秘的灵泉之术帮助队友治疗恢复。战斗技巧丰富的祭司，在战斗中，可能会让其他所有的职业都感到头痛。
职业优点	魔法攻击高，魔法防御高，血适中。
职业缺点	物理攻击低，物理防御低。
属性点参考	力量、体质、敏捷、智力、精神
伤害类型	物理系、斗气伤害 & 魔法系、圣力伤害

可悲的祭司

我是个97级的小祭祀，装备还算可以！下面就随便唠两句。首先是祭祀的加点：

祭祀属于魔物双修的职业（有点像人妖）不是很看好魔祭祀，所以加点就变成全体和全力。前期练级当然是全力比较好，那样HM能效率点啦！PK的话比较适合全体后全力，至于为什么我也不知道。废话不多说，升级最终还是为了PK嘛。

VS骑士： 骑士血防是相当夸张的，所以硬抗那是绝对赢不了的！但是骑士的速度比较慢，那样可以利用祭祀鬼步的优势展开游击战。所谓的游击战意思就是打一枪换个地方，先给对方上两个状态，然后一个霸翔，接着放蛇拖着骑士绕着蛇附近跑，这样能防止骑士吃药回血，如果骑士进身的话，可以利用绝对领域将其退开，还可以利用这个方法下蛋给自己加血。等霸翔回复以后，再近身一套技能用完继续跑开，就这样把骑士耗死为止。

VS战士： 战士比较难打~如果你的装备够好的话，能抗得住战士的摘星不介意与其近身战和战士玩和骑士差不多，运用祭祀的鬼步，进行游击战！首先倒数3秒放蛇，不要急着放蛋，然后离战士远点。战士一般先冲锋，眩晕0.5秒后开始在蛇的附近边跳边跑（咄），战士的物理防御没有骑士那么BT，打到战士身上还是有点疼的。等战士摘星放掉后下蛋，绝对领域拉近，然后开是狂殴吧，没了摘星战士就没得玩了。

VS法师： 首先下蛇和蛋不多说！法师开始一个瞬移，你按TAB上面的锁定目标然后贯气，绝对领域拉回来，看对方有没有开无敌，如果没开，一个7伤+霸翔直接秒，如果开了跟着他跑，祭祀有鬼步没理由跟不上。即使被晕住应该能追得

上，祭祀魔防还可以应该能抗得住法师的几下攻击。

VS巫师： 跟巫师打不要急着下蛋和蛇（巫师隐身后会把蛇和蛋给搞掉）。一开始巫师隐身，自己算，大概1~2秒左右下蛇和蛋，一直按TAB上面的锁定目标，锁定以后拉过来，直接7伤+霸翔，蛇再给几下应该结束了吧，貌似比法师容易点，法师有无敌还能晕人。

VS弓手： 跟弓手打不好玩。开始放蛋和蛇，弓手可能会在身边做些小动作，你看好了离那里远点，其他的我也不清楚了。没怎么玩过，自己琢磨吧！

VS刺客： 刺客很强大，不会玩！记得放蛇的时候离自己远点不要受到散失的波及，打起来还是比较疼的。不管一开始就迷失也好，拉你也好记得跑出散失，然后贯气，绝对领域拉出来，上个状态后霸翔，只要能离开散失还是有赢的几率的。

VS牧师： 开始放蛋和蛇，倒数3秒的时候一直按截脉（牧师会静默）然后七伤，霸翔！一套技能后牧师就圣歌回血。接着就平砍，记得随时给牧师上状态，不管是7伤还是截脉，都可以！等到对方加血的时候，一个绝对领域打断，胜利就在眼前了（现在的牧师都是全体或者全精神，攻击不高，这样就成全了我们高魔防的祭祀了）。跟牧师玩胜率还是可以的。

VS祭祀： 同职业嘛，看谁运气好吧！或者谁先放出霸翔。

祭祀对祭祀还有种方法！一开始离对方远点，用绝对领域拉过来，这样他的蛋和蛇就成为摆设。

擂台上什么情况都有可能发生，主要看你的临场发挥。祭祀这个职业现在不怎么的，不过只要你运用得好，应该还是没问题的。

弓手篇

职业名称	弓手
职业描述	弓箭手活跃在广袤的森林中，是一流的猎手。他们向来独来独往，以敏捷和机智著称，游走在战场边缘，用利箭射向敌人的心脏。他们战斗方式，似乎使得同伴是一种累赘的存在。不过慢慢的弓箭手也开始试着接纳同伴了，一个能挡住对手前进让自己安心放箭的伙伴总是不错的。
职业特色	弓箭手不但非常酷，他们精准的目力和非凡的箭术在战斗中也拥有卓越的远程打击能力。拥有弓箭手的队伍可以在战斗的一开始就给予对方非常大的打击。只要不被近身干扰，弓箭手们可以保持他们那高效的攻击直到战斗结束。而且，在躲避箭矢的同时，你还要随时防备弓箭手的陷阱和最亲密的战鹰伙伴的突袭。弓箭手的唯一装备就是弓箭，弓的品质有特殊的追求。
职业优点	物理攻击高，物理防御高，血和战士差不多，攻击速度非常快，远攻职业。
职业缺点	缺点在于很难操作，连贯性差，血少。
属性点参考	敏捷、力量、体质
伤害类型	物理系、远程伤害

有BUG存在：谈弓手现在技能不足之处

首先当然是这游戏优化得不好，很多本来很好的技能都成了鸡肋技能。比如延时，还有陷阱触发，还有时候死了都能鞭尸，废话不多说了。

弓手是远程职业，定位应该是个什么样的定位？跑打对吧。意思是不能近身作战。如何才能跑得起来呢？那就请看以下技能的弊端。

穿杨冲击 射程才15米，推开貌似8米的样子。这个是为了躲避近战职业追打的，但实际上很多职业都能在10米以上能打到你，在实际战斗中，经常是和人家10米的制技能同时放出。这是因为新飞的画面错位很严重。这个技能经常无语，想打人家一下，却还要挨下揍。距离应该调到20米。

金蝉 的距离应该增加，这技能20米，上次维护后其他职业的攻击距离改了，而弓手却没改。是不是对这职业很偏见呢？远程职业主动技能既然比法系的还短，此技能和很多技能在同1秒发出都会被打断。或者失败，比如此刻，祭祀使用拉人的技能等，骑士的盾晕和圣剑等，很多时候都会打断，既然瞬发的就不应该打断，这救命的技能不修改，都不知道有什么用，难道怕打打断在人家N远就使用？有点闷呢……

关于弓手的2个被动技能触发数值到底是多少？技能没表示出来。我个人感觉最多只10%的几率出闪避，20%的机会出爆。能不能把这2个被动改成固定数值，哪怕低点都好，PK实在是难得触发几次，弓手的攻击是8职业中最低的。防御也是最低的。

冰冻陷阱 大家都知道是弓手的招牌动作，上次维护后真的是把此技能废了。这既然不是个主动使用技能，不像其他技能使出就有效果，还是个被动的触发技能还来个命中随级别降低，我真无语了。谁都知道，弓手没有冰冻是绝对不敢使，也使不出毒。爆雷，和怒射的。因为一个冰冻技能的作废，弓手后面那么多技能等于白搭。难道要弓手肉搏还是逃命？请问弓手没了冰怎么逃，怎么跑打？这技能释放还能打断，需要大约0.5秒的时间站着不动才能发出。

鹰眼 是不是应该把距离调远点。18米到20米就行了。15米，现在谁都可以2秒跑20米。你发觉人家还要用鼠标点到人家才能标记，再攻击。但对方早在你之前就可以点到你。早点只是多那么点时间反应准备而已。

怒射 这个技能名字请修改。现在弓手的攻击那么低。还一直减怒射的伤害，怒射的发动逻辑必须是冰，在爆雷晕到，才能打出伤害。不然谁敢放怒射，可现在的怒射实际伤害比不上此刻的暗杀技能，名字实在是响。可效果呢，内测伤害是480%物理+600左右远程乘当前距离1倍到1.5倍。现在呢，减到260%+300多点远程乘当前距离1到2.2倍，差到哪里去了，发动的逻辑那么难，攻击还那么低。

我相信很多不选择继续玩弓手的人的苦恼都在这里吧，这可以说是现在弓手变得如此比起眼的主要原因。远程职业失去他该有的特色。要攻击比不上任何职业，要防御，物理防御比不上物理的职业，爆也是最少的，100级的弓手敏捷满带10多级家族才15爆。被动死不触发，魔防比不上任何魔法职业，技能就能打30米，火矢和怒射，怒射等于是费的。任何职业不和弓手打，哪怕是被弓手偷袭到，只要逃跑，弓手是绝对杀不死的，因为没有强大的攻击力，更没有瞬间的伤害，只有个速度和距离。速度再快，没攻击力也是白忙活。

战士篇

职业名称	战士
职业描述	战士天生就是为战斗而生的一类人，他们有无穷无尽的斗志和对战斗的渴望。似乎只有在双刃相交、为战斗嘶吼的瞬间，他们的生命才有存在的意义。当你在面对英勇的战士时，你根本不需要拘泥于那些繁文冗节，他们的爽朗笑声和似火热情，将很快感染到你，使你热血沸腾。
职业特色	战士拥有非常强大的爆发力，在战斗中能够表现出最为夺目的进攻和突破能力。而在单对单的战斗中，他们强大的爆发力往往让对手措手不及间瞬落败。 大部分战士为了给敌人造成最大程度的伤害而使用双手重斧，但也有一些战士为了攻守平衡而放弃了这种双手重武器，改为左手持盾右手持斧。在学习双持技能后，还可以同时拿两把单手斧。
职业优点	一旦技能成型,在团战中的输出地位是很高的,在竞技场也是一把好手！
职业缺点	战士前期技能没成型的时候，很容易被控制型职业欺负。
属性点参考	力量、敏捷、体质
伤害类型	物理系、搏击伤害

骑士篇

职业名称	骑士
职业描述	骑士是美德的象征，他们时刻都保持着"谦卑、正直、怜悯、英勇、公正、牺牲、荣誉、灵魂"的精神。每一位骑士都恪守"友好对待弱者，勇敢面对强者，与错误战斗，为弱者战斗，帮助需要帮助的人，不伤害女人，协助骑士兄弟，忠诚对待朋友，真诚对待爱情"的信条。
职业特色	骑士向来以混凝土式防守而著称，总是身穿厚厚的重装甲战斗在最前线，是防御能力最强的职业。作为团队战斗中的中坚力量，骑士深受队友的欢迎和喜爱。绝大部分骑士为了最大限度地发挥职业特色都喜欢左手持盾右手持剑，但有时部分骑士也会双手持巨大的双手重剑以追求更大的杀伤力。在学习双持技能后，还可以同时拿两把单手剑。
职业优点	高血、高物防、输出稳定
职业缺点	缺乏爆发力、BOSS战核心肉盾、团P跑在最前面吸引火力的炮灰。
属性点参考	体质、力量、敏捷
伤害类型	物理系、神圣伤害

牧师篇

职业名称	牧师
职业描述	牧师拥有最虔诚的信仰，他们可以以神圣之力治愈各种伤口，甚至能够借助神的力量将已死者复活。在团队作战时治疗和支持毫无疑问是牧师的主要职责。所有的牧师都是左手持盾右手持魔棒，精通圣光之术。
职业特色	魔法攻击高，魔法防御高，物理防御物理攻击低，血并不少，因为牧师有技能。
职业优点	这个职业强化了，攻击能力加强了
职业缺点	辅助技能却削弱了。
属性点参考	智力、体质、精神
伤害类型	物理系、搏击伤害魔法系、圣光伤害

公测后各职业技能最终版

等级： 技能的等级，第一个是可学技能的满级效果，第二个是装备提升真正的满级效果。

吟唱： 施放技能的所需时间。

冷却： 再次使用技能需要等待的时间。

距离： 目标在这个范围内才能施放技能。

主动技能： 主动施放的技能，可以能通过装备提升等级。

被动技能： 被动技能不需要释放，技能效果永久有效哦。

黑色： 从技能导师那里学习到的最高等级效果。

棕色： 技能最高等级效果，需要通过装备提升才能达到。

绿色： 被动技能最高等级效果，装备不能提升被动技能。

（以下附图）

刺客

弓箭手

战士

骑士

作者：' 詆調︵咹心

（以下附图）

牧师

图示	技能名称	等级	吟唱	距离	冷却	技能学摘说明
	圣光灼破	10级	0.5秒	25米	1秒	对目标造成210%魔法伤害+142点圣光伤害。
	圣光灼破	15级	0.5秒	25米	1秒	对目标造成221%魔法伤害+226点圣光伤害。
	恢复术	10级	0.5秒	25米	12秒	使目标获得每秒恢复224点生命的效果，持续12秒。
	恢复术	15级	0.5秒	25米	12秒	使目标获得每秒恢复275点生命的效果，持续12秒。
	圣光裁决	10级	无	25米	8秒	对目标造成301%魔法伤害+466点圣光伤害，吸取目标伤害*20%的MP。
	圣光裁决	15级	无	25米	8秒	对目标造成320%魔法伤害+636点圣光伤害，吸取目标伤害*20%的MP。
	守护术	6级	0.5秒	25米	2秒	增加单个目标的体质35点，防御力375点，持续3600秒。
	守护术	11级	0.5秒	25米	2秒	增加单个目标的体质50点，防御力500点，持续3600秒。
	治疗术	7级	2秒	25米	无	一次性恢复目标3480点生命。
	治疗术	12级	2秒	25米	无	一次性恢复目标6016点生命。
	圣光大地	5级	无	无	10秒	自身移动速度降低52%，防御降低16% 每秒自动造成半径4米内7个目标156%魔法+60点圣光伤害。
	圣光大地	10级	无	无	10秒	自身移动速度降低42%，防御降低11% 每秒自动造成半径4米内8个目标176%魔法+90点圣光伤害。
	天马行空	5级	无	无	无	开启后持续消耗MP，增加20米内队友20%移动速度。
	天马行空	10级	无	无	无	开启后持续消耗MP，增加20米内队友30%移动速度。
	神圣之光	3级	4秒	20米	240秒	复活单个死亡目标，复活后HP、MP为正常状态下的50%。
	神圣之光	8级	4秒	20米	240秒	复活单个死亡目标，复活后HP、MP为正常状态下的100%。
	高效术	5级	0.5秒	25米	2秒	增加单个目标的精神35点，攻击速度和命中率10%，持续3600秒。
	高效术	10级	0.5秒	25米	2秒	增加单个目标的精神50点，攻击速度和命中率20%，持续3600秒。
	洁净术	3级	无	24米	3秒	随机清除单个目标减益状态 等级越高，清除能力越强，且本技能无法被沉默或免疫。
	洁净术	8级	无	24米	3秒	随机清除单个目标减益状态 等级越高，清除能力越强，且本技能无法被沉默或免疫。
	群疗术	5级	1.5秒	无	无	为6米范围内的8个目标一次性恢复1800点生命。
	群疗术	10级	1.5秒	无	无	为6米范围内的8个目标一次性恢复2800点生命。
	神之庇护	3级	无	无	15秒	60秒内伤害减免增加40%智力清空 提升70%角色精神（技能装备额外提升除外）
	神之庇护	8级	无	无	15秒	60秒内伤害减免增加50%智力清空 提升120%角色精神（技能装备额外提升除外）
	静默术	2级	无	20米	16秒	使目标无法使用任何常规法术伤害类技能，持续3秒。
	静默术	7级	无	20米	16秒	使目标无法使用任何常规法术伤害类技能，持续6秒。
	圣光天怒	5级	无	无	无	被动，施法时一定概率使 法术爆击提高50%、技能冷却时间减少50%，持续10秒。
	光芒圣歌	3级	无	20米	60秒	瞬间一次性恢复9600点生命。
	光芒圣歌	8级	无	20米	60秒	瞬间一次性恢复13600点生命。

法师

图示	技能名称	等级	吟唱	距离	冷却	技能学摘说明
	炎 焰星	10级	1秒	25米	1秒	造成214%魔法伤害+162点元素伤害，点燃地面 10%概率使目标每秒受到270点伤害，持续5秒。
	炎 焰星	15级	1秒	25米	1秒	造成222%魔法伤害+253点元素伤害，点燃地面 10%概率使目标每秒受到270点伤害，持续5秒。
	元素专精	10级	无	无	无	被动，提升10%的法术爆击。
	冰 寒岚	10级	0.5秒	25米	3秒	对目标造成218%法术伤害+101点元素伤害 使目标移动速度降低30%，持续10秒。
	冰 寒岚	15级	0.5秒	25米	3秒	对目标造成228%魔法伤害+125点元素伤害 降低其移动速度35%，持续10秒。
	魔力之源	6级	0.5秒	25米	2秒	临时增加友方单个目标智力35点，持续3600秒。
	魔力之源	11级	0.5秒	25米	2秒	临时增加友方单个目标智力50点，持续3600秒。
	风 逆刃	9级	无	25米	15秒	瞬间对目标造成232%魔法伤害+143点元素伤害，打断目标施法。
	风 逆刃	14级	无	25米	15秒	瞬间对目标造成240%魔法伤害+185点元素伤害，打断目标施法。
	炎 地火	5级	无	20米	3秒	在鼠标位置点燃半径4米火墙 每2秒对范围内7个目标造成170%魔法+30点元素伤害。
	炎 地火	10级	无	20米	3秒	在鼠标位置点燃半径4米火墙 每2秒对范围内8个目标造成180%魔法+45点元素伤害。
	元素专注	5级	无	无	无	被动，增加10%法术命中。
	元素之盾	5级	无	无	5秒	使自身获得元素之盾，吸收28%受到伤害，可吸收6820点 最多持续600秒。
	元素之盾	10级	无	无	5秒	使自身获得元素之盾，吸收40%受到伤害，可吸收9220点 最多持续600秒。
	冰 霜环	5级	无	无	15秒	使周围6米范围内7个目标无法移动6秒 造成50%魔法伤害，对高级目标命中下降。
	冰 霜环	10级	无	无	15秒	使周围6米范围内8个目标无法移动6秒 造成100%魔法伤害，对高级目标命中下降。
	地 遁形	3级	无	20米	25秒	主动向前飞行20米，法术伤害增加10%，持续10秒。
	地 遁形	8级	无	25米	25秒	主动向前飞行25米，魔法伤害增加15%，持续10秒。
	风 龙卷	3级	0.5秒	25米	25秒	首次造成140%法术伤害，晕眩0.5秒 此后连锁弹射5次，每次弹射伤害递增25%。
	风 龙卷	8级	0.5秒	25米	25秒	首次造成195%魔法伤害，昏迷1秒 此后连锁弹射5次，每次弹射伤害递增25%。
	地 化影	3级	无	无	40秒	使自己无敌，免疫伤害和技能，但无法使用技能，持续7秒。
	地 化影	8级	无	无	40秒	使自己无敌，免疫伤害和技能，但无法使用技能，持续12秒。
	冰 霜体	8级	无	无	无	被动，受到攻击时有30%概率使目标移动速度降低20%，持续5秒。
	雷 天惊	5级	0.5秒	无	30秒	每3秒落雷攻击12米内目标，造成15%魔法伤害+502点元素伤害 有10%概率打断施法，持续120秒。
	雷 天惊	10级	0.5秒	无	30秒	每3秒落雷攻击12米内目标，造成20%魔法伤害+575点元素伤害 有15%概率打断施法，持续120秒。
	炎 陨星	4级	2秒	25米	30秒	对目标及其4米内的7个目标受到206%魔法伤害，昏迷3秒 对高级目标命中降低。
	炎 陨星	9级	2秒	25米	30秒	对目标及其4米内的7个目标受到216%魔法伤害，昏迷3秒 对高级目标命中降低。

巫师

图示	技能名称	等级	吟唱	距离	冷却	技能说明
	暗言灵念	10级	1秒	25米	1秒	造成200%法术+148点暗影伤害，污染地面 每秒造成附加暗影伤害，持续5秒。
	暗言灵念	15级	1秒	25米	1秒	造成210%魔法+231点暗影伤害，污染地面 每秒造成附加暗影伤害，持续5秒。
	暗影专精	10级	无	无	无	被动，提升10%的法术攻击力。
	暗言毒咒	10级	无	25米	12秒	使目标命中降低10% 每2秒受到178%魔法伤害+21点暗影伤害，持续15秒。
	暗言毒咒	15级	无	25米	12秒	使目标命中降低15% 每2秒受到210%魔法伤害+33点暗影伤害，持续15秒。
	暗影守护	6级	无	无	无	被动，提升15%生命并提升300点物理防御。
	暗言衰竭	9级	0.5秒	无	5秒	900秒内使攻击自己目标防御降低10% 技能冷却及消耗增加20%，效果无法叠加持续10秒。
	暗言衰竭	14级	0.5秒	无	5秒	900秒内使攻击自己目标防御降低15% 技能冷却及消耗增加30%，效果无法叠加持续10秒。
	暗言波涌	5级	无	25米	2秒	对目标及其周围4米内的6个目标造成108%魔法伤害+75点暗影伤害。
	暗言波涌	10级	无	25米	2秒	对目标及其周围4米内的7个目标造成118%魔法伤害+141点暗影伤害。
	暗言寂灭	6级	1秒	20米	8秒	使目标及其4米内6个目标中毒 每2秒造成55%魔法伤害，污染2米内目标，持续15秒。
	暗言寂灭	11级	1秒	20米	8秒	使目标及其4米内7个目标中毒 每2秒造成65%魔法伤害，感染2米内目标，持续15秒。
	暗言飓风	5级	无	20米	15秒	在鼠标位置召唤半径5米风阵，范围内7个目标移动速度30%。
	暗言飓风	10级	无	20米	15秒	在鼠标位置召唤半径5米风阵，范围内8个目标移动速度40%。
	移形换位	3级	无	无	25秒	在自身20米范围内随机移动，移动后隐身7秒。
	移形换位	8级	无	无	25秒	在自身25米范围内随机移动，移动后隐身10秒。
	剥夺	3级	0.5秒	25米	18秒	移除目标的增益效果。使目标无法接受增益.持续5秒。 每2秒受到105%魔法伤害，持续10秒
	剥夺	8级	0.5秒	25米	18秒	移除目标的增益效果，使目标无法接受任何增益技能，持续7秒 每2秒造成130%魔法伤害，持续10秒。
	幻象恐惧	4级	无	25米	25秒	混乱6秒，若混乱未提前打断，则在结束时造成175%法术伤害 对高级目标的命中率降低。
	幻象恐惧	9级	无	25米	25秒	混乱6秒，若混乱未提前打断，则在结束时造成200%魔法伤害 对高级目标的命中率降低。
	虹吸海纳	5级	无	无	无	被动，被攻击时使受到伤害的10%转化为HP和MP。
	暗影领域	3级	无	无	无	开启后持续消耗MP，使10米内敌方攻击速度和五项基本属性降低10%。
	暗影领域	8级	无	无	无	开启后持续消耗MP，使10米内敌方攻击速度和五项基本属性降低15%。
	念力之墙	4级	无	无	无	被动，吸收9%的魔法伤害。
	螺旋烈风	4级	无	无	16秒	将靠近自己的8个目标推开11米 37%概率减速30%，持续5秒，对高级目标的命中率降低。
	螺旋烈风	9级	无	无	16秒	将靠近自己的8个目标推开15米 45%概率减速30%，持续5秒，对高级目标的命中率降低。

祭司

图示	技能名称	等级	吟唱	距离	冷却	技能说明
	龙拳七伤	10级	0.5秒	2米	1秒	造成198%物理伤害+154点斗气伤害 附加七伤状态：10秒内受到伤害加深10%。
	龙拳七伤	15级	0.5秒	2米	1秒	造成208%物理伤害+230点斗气伤害 附加七伤状态：10秒内受到伤害加深15%。
	拳术领悟	10级	无	无	无	被动，提升10%的物理攻击力。
	龙拳截脉	10级	无	2米	3秒	造成258%魔法伤害+195点圣力伤害 附加截脉状态：10秒内伤害输出降低10%。
	龙拳截脉	15级	无	2米	3秒	造成268%魔法伤害+240点圣力伤害 附加截脉状态：10秒内伤害输出降低15%。
	力量术	6级	0.5秒	25米	2秒	临时增加友方单个目标的力量35点，持续3600秒。
	力量术	11级	0.5秒	25米	2秒	临时增加友方单个目标的力量50点，持续3600秒。
	敏捷术	6级	0.5秒	25米	2秒	临时增加友方单个目标的敏捷35点，持续3600秒。
	敏捷术	11级	0.5秒	25米	2秒	临时增加友方单个目标的敏捷50点，持续3600秒。
	斗气风暴	5级	无	无	1秒	2秒内对自身5米内7个目标造成2次 100%魔法伤害+400点圣力伤害，10%概率昏迷0.5秒。
	斗气风暴	10级	无	无	1秒	2秒内对自身5米内8个目标造成2次 100%魔法伤害+787点圣力伤害，15%概率昏迷0.5秒。
	龙拳霸翔	6级	无	2米	12秒	造成115%物理伤害，若目标处于1/2个龙拳状态 则随机攻击周围目标4/7次，伤害5%递增。
	龙拳霸翔	11级	无	2米	12秒	造成135%物理伤害，若目标处于1/2个龙拳状态 则随机攻击周围目标4/7次，伤害5%递增。
	斗气光环	5级	无	无	无	开启后持续消耗MP，增加20米范围内友军5%攻击力。
	斗气光环	10级	无	无	无	开启后持续消耗MP，增加20米范围内友军10%攻击力。
	龙拳贯气	6级	无	25米	3秒	造成125%魔法伤害 附加滞气效果：使其10秒内技能冷却时间增加6%。
	龙拳贯气	11级	无	25米	3秒	造成150%魔法伤害 附加滞气效果：使其10秒内技能冷却时间增加11%。
	鬼步	6级	无	无	无	被动，永久提升12%移动速度。
	生命之泉	3级	无	3米	30秒	召唤灵泉，每2秒恢复8米内8个友方目标460点生命 20%概率清除负面效果，持续30秒，灵泉免疫范围伤害。
	生命之泉	8级	无	3米	30秒	召唤灵泉，每2秒恢复8米内8个友方目标560点生命 30%概率清除负面效果，持续30秒，灵泉免疫范围伤害。
	元气感知	5级	无	无	无	被动，物理魔法闪避率提高10%。
	召唤火蛇	3级	无	3米	20秒	召唤20秒火蛇，每2秒对15米内目标造成 75%物理伤害+105点斗气伤害，25%概率额外召唤1条。
	召唤火蛇	8级	无	3米	20秒	召唤20秒火蛇，每2秒对15米内目标造成 100%物理伤害+180点斗气伤害，35%概率额外召唤1条。
	信仰之力	4级	无	无	无	被动，对敌伤害增加 （当前生命/生命上限）*25%，HP低于50%时无效。
	绝对领域	3级	无	25米	10秒	使目标2.5秒内无法移动并提高12米 若处于龙拳状态，则捕获目标，消耗一个龙拳状态。
	绝对领域	8级	无	25米	10秒	使目标3.5秒内无法移动并提高12米 若目标处于龙拳状态，则捕获目标，消耗1个龙拳状态。

网易新干线

国庆时最让我震撼的空中截图 （作者：gliunan）

玩新飞飞时间不短了，但依然还是对它非常迷恋，对新飞飞的热情也丝毫不减，这其中最大的原因就是游戏画面和飞行器做得实在是太让我喜欢了，尤其是坐着自己心爱的飞行器翱翔在天空的时候，绝对是一种享受。

国庆期间收到了服务器发给我的试用装，绝对HAPPY~！虽然只是试用，那也感受到好飞行器在空中飞驰的那种快感了。特意抓怕留念。

看这气势，绝对够腕，那开出去老招风了是不？

飞飞不只是个游戏，更多的是心

曾经的飞行梦想，带领我们走了三年的梦。梦里边很熟悉，很怀念……三年前，全新的中国第一个能飞行的游戏……飞飞，由网易运营啦！带来了多少玩家的热情啊。

那个似曾相识的帕里的天空，那么蓝，那么恬静。

刚玩飞飞的时候，看到游戏中一个个卡通但不失可爱的人物，我笑啦……原来飞飞还蛮适合女孩子玩的。当时可以忍受练级的无聊——当时不像现在这么激进的，只是在游戏中寻找乐趣。

有时跟老公一起采矿，看到那些可爱的灵兽在自己采集器的吸收下慢慢变小，居然会感觉到一点惋惜。

那时候连吃个棒棒糖，都会为吃药时的样子着迷。浑身红光的，好有意思的。

刻骨铭心的是第一次飞行，第一次飞行在帕里的天空。听着那激动的飞行音乐，看着那天空，月好圆。

好怀念啊！

第一次做出了个金刚，激动不已，戴上后比自己现实戴个项链心里还要愉快。当去试验拉怪时，看着那一堆小怪怪，我待在后边 只能打出Miss，但是心里好高兴。

每次打怪后，看着一地东西，每个人都抢着拣。说实在的，头一次打BOSS，是多么地紧张和激动啊，生怕一眨眼，BOSS就会把你打飞似的，虽然总不停加着血，但一点也不觉得累。

当时我只是一个懵懂的小女生，在飞飞的魔法世界中自由翱翔。我当时以为怎么所有的任务都是那个厉害魔法师下达的呢，傻傻的。

还记得，漫天打气球的年代。

还记得，抢水BOSS的时代，为面具当成了时装炫耀的纯真时期。

还记得，每天换号打字母，每天在晨光喊着收购字母的旧时光。

还记得那第一次做出加五金刚，心里非常非常激动。

还记得，那天天找团刷泥巴，等到睡觉前，把一天的收获扔商店里的那种满足。

还记得，以前全民总动员时，满世界寻找商人的日子，还记得把满身的战栗扔给商人时的那种欢喜感觉。

还记得，那时不懂什么样的装备才算好。

还记得那时满天收购魔法碎片的热切心情。

还记得，看到当装备能够发出漂亮特效时，我内心那种无以伦比的自豪感。

还记得那时候为升级而拼命打爆破，还记得那百余人追着的年兽。

还记得那区里边一个个79级的神话，一个个背着沉沉地魔心，踩着飞剑，踏着筋斗云，在瑞加天空中翱翔的那份自在与自豪。

…………

2007 年7月15日，新飞飞新资料片——塔罗牌的召唤开启。

记得测试服里几乎人多得走不动道，等到正式服也开新资料片时，好友单里出来40多人同时在线的壮观景象。那时为了一件79级的女暴力装备，100万金也豪情买下，只是为了能在新飞飞里快乐地升级。

对飞飞的转变，是在那个帖子出来的时候。当时有一封帖子：现在万恶的骑士与魔法任务，还有一地乱扔的羊皮纸……

就这样，新飞飞一步步走向了乏味。

记得版主在飞飞论坛里热情地写帖子，而玩家也在期待下一次新的任务，可是每次都因开发新飞飞的理由而已领取。羊皮纸被代替，玩家们的热情一降再降。

一个个以前不知名的等级都靠做每天的任务快速升级，现在满世界都是100级以上。飞飞以前那些骨灰级玩家再也没有热情去投入。

谁能想到，一个区上线人数不足数千。谁能想到论坛里玩家们发出那一个个的告别飞飞的帖子。又有谁想到，飞飞里逐渐增多的骗子，与慢慢减少的曾经熟悉的名字。

已经是开放二转和塔罗牌的召唤资料片的一周年。

一年来，有多少玩家流失。

知道飞飞游戏GM很努力也很用心，可是你们却始终不给予承诺，一次次拖延时间，能让我们对你们抱有多大信心呢。有时也很同情你们的。看看这里版块的帖子，五花八门，什么要求都有。

天哪。心脏不好的到这里非气死不可的。看到你们整天被一些玩家辱骂着讽刺着，觉得我们玩家确实做得也不对，但是大家也是有苦衷的。我们都已经跟随飞飞三年了。

当大家把青春都投入到飞飞，可是飞飞始终不出新资料片，这能不让我们着急吗？

一次次的任务都被羊皮纸代替，难道我们真的是稀罕那点经验吗。

这不仅仅是我个人的看法，我只是代表所有飞飞玩家的心声，来向GM申诉一下。

无论如何，我们对飞飞仍然抱有期待的，真的。三年了，我们觉得该告别的时候。虽然生活琐事繁多，但仍然习惯在飞飞论坛看看帖子，重新回味曾经的梦想。因为飞飞不仅仅是个游戏，还有我们的心。

关于合区的十大无责任猜想

既然是我的猜想，那就我说了算吧。按照我认为重要的开始说：

1. 关于物价
物价，物价，物价，普通玩家最关心的还是物价。其实我想物价官方是不会做出宏观调控的。商城的东西原来多少钱，现在还是多少钱。只是市场上原来的一些材料卡片的物价，就要看大家喊多少了。新合区后我猜测物价会有一个波动阶段，这时候如果我觉得不应该囤积什么东西了。最终我猜测物价会偏向于物价低的那区。物价也许会下跌。嗯哼，注意，这是无责任猜测。

2. 关于国王
我猜测合区后国王全部取消。由新的国战产生。

3. 关于等级排行
合区后自动由系统来分辨等级。用科学说话。

4. 关于人物数据
我猜测就是直接拷贝人物数据到另外一个服务器。然后由系统来重新划分排行。

5. 江湖
进来合区的消息比比皆是，江湖上隐约可以闻到淡淡的血腥味儿。合区后战争将更加频繁。原有的世界格局被打破，原有的老大变成老二肯定有人不服，战争不可避免一触即发。既然战争会频繁。那如果是我，不如考虑去战场上卖点药水吧。

6. 感情
合区了新鲜的人、新鲜的家族，一定会有更多新鲜的感情故事。嗯嗯！

7. 仇恨
原来一个区的仇人，一起到了一个新区会不会携手抗敌呢？

8. 补偿
不知道网易会不会对这次的搬迁有所补偿。

9. 奖励
合并新区了我猜测会开新的任务新的活动来带动游戏的氛围。

10. 机遇
合并新区后。肯定会有骗子趁着市场没有稳定的时候出来骗人。这里我要提醒大家，不管在什么区，买卖交易一定要小心上当受骗。

这个世界有爱，却没有将来

男孩和女孩的初次见面是在帕里。

女孩在那等她的朋友，男孩就这样冒失地出现了。女孩很惊讶，甚至以为自己把自己的名字看花了眼。

呆呆地看了几秒后，发现这名字并不是自己。只是相差一个字而已。女孩由于好奇，加了男孩好友，不停地追问着男孩的名字怎么和自己一样。

就这样，他们相识了……往后的日子里男孩对女孩开始了热烈地追求。男孩对女孩说，爱女孩胜过爱自己。女孩不说什么，有时候还会害怕看到男孩。

直到有一天，女孩似乎心情不太好。她陪着男孩升级。同样的场景让女孩不禁想起了3年前早已逝去的爱情……那时候女孩并没有接受男孩。

她和男孩说，3年前，在这里，有个男孩子抛弃了她……所以她不相信誓言，因为从来没实现过。男孩说以后我要像疼爱孩子一样疼爱你，你太让我心疼。

他们聊了很多……在这之后，每次女孩去升级，男孩也都会陪着她。在朋友眼里他们看上去很幸福，女孩也就这样慢慢地接受了男孩。

从此帕里变成了他们谈情的好地方，女孩总是喜欢和男孩面对面地站着，她觉得这样就足够了，她很满足有男孩在她身旁。

这是只属于她的小小的幸福。

男孩喜欢对女孩说宝宝是我最爱的人，每当这个时候女孩总是会微笑，她觉得眼前的这个人，是她应该珍惜的人。

女孩在记住男孩的名字那一刻，就决定要好好地爱男孩。其实男孩和女孩都有工作，见面的时间并不多。

一次男孩带女孩去帕里玩，公司有事叫他去，女孩说，我等你回来。

女孩继续等着男孩。男孩不在时，女孩总是习惯性地站在帕里，挂一个"只为等宝贝"的小店。

日子就这样平淡而又幸福的过着。

男孩的突然消失，让女孩不知道该怎么是好。但是一时间没有了男孩的消息，女孩也只有等待。

通过朋友，女孩找到了男孩的QQ，加上了，可是一连好几天男孩都没有上线。

直到一个星期后的下午，男孩的QQ突然上线了。

女孩带着欣喜又带着怒气地对男孩说，是不是如果我不找你，你就永远不见我了？女孩高兴的是她终于等到了他，生气的是1个星期他都不会想我吗？

男孩说号被人扒了，什么东西都没有了，从此他不能带给女孩幸福了。

女孩对男孩说："和你在一起，我要的并不是钱。即使你一分钱也没有，只要你说你爱我，我就会很开心，很高兴。"

男孩告诉女孩，他想让女孩过好日子。

他们小小地吵了一架，然后又像以前一样的甜蜜。

男孩去练小号，女孩见男孩没有金刚打怪掉了很多血，很心疼，女孩并没有什么钱，女孩给了男孩1000W，说去买对+2吧。

男孩很惊讶，他知道女孩没有钱，所以疑惑地问，你这钱是怎么来的？女孩只是告诉他，反正不是骗来的。

男孩不知道，那些钱是女孩打怪捡，打装备卖才攒起来的。

转眼间，男孩的小号70多级了。

一天晚上，男孩和女孩在帕里小镇的石椅上坐着，男孩对女孩说："宝宝一会我和朋友去洞升级，要用+5。"

女孩二话没说，把+5给了男孩，"宝贝，我的东西就是你的。"女孩从没怀疑过男孩。

可是第2天，当女孩去为男孩的号做任务时，女孩却发现男孩的号空了，一分钱也没有，+5、流星什么的也不见了……

只剩下人物穿的衣服了，女孩不知道发生了什么事，只感觉脑子一片空白。

男孩就这样再次消失了，直到两天后，男孩给女孩留言：宝宝我在做一笔买卖，你的+5也在其中，3天后我会给你惊喜。

女孩满怀期待的等了3天，男孩并没有出现，也没有什么所谓的惊喜。女孩很伤心，她给男孩留言说：宝贝我等了3天，你说给我惊喜，可我现在连你的影子都见不到了？难道说这就是你给我的所谓的惊喜吗？

过了一天，男孩仍旧没有来。女孩又留：宝贝你是不是不想宝宝了？为什么你到现在都没有来？你到底在干什么？

可是一连几天过去了，男孩就像人间蒸发一样的消失了。

又是想念的一天，女孩开着自己的精神号，在达肯无聊地逛着，她看到了男孩……

男孩上了另一个号，女孩兴奋地过去搭话，可是男孩却没有理女孩。男孩就这样一动不动的站着，女孩就这样一动不动地盯着男孩。

直到男孩下线，他都没有和女孩说一句话。女孩很失望，但是她还是逼迫自己去相信那并不是男孩上的，也许只是男孩的朋友上的号。

天知道女孩的心有多痛，可她依旧等着男孩。

已经第10天了，男孩依旧不，女孩每天心情都很低落，朋友们不忍心看她这么伤心，最好的朋友说他还没有来吗？你不要等他了。

也许他是个骗子，你忘了他

吧。然后叫来了他们很好的一个哥们给女孩介绍，女孩因为灰心，因为男孩的不辞而别，伤心极了。

于是朋友介绍她答应了，女孩并不爱这个有些陌生的人，跟他在一起满脑子想的全是男孩，想着男孩带她升级，想着男孩对她说过的话。

想着男孩在她受欺负的时候保护她，想着男孩现在在干什么，想着男孩所有的所有……

期间女孩为男孩找回了丢失了一段时间的大号。

直到第15天，男孩终于出现了，女孩本来是想开男孩大号去做任务，没想到一上线就看到男孩站在旁边，男孩看到自己的号以为是那个骗子，用极其鄙夷的语气对女孩说："骗子，你真不要脸。"女孩说你看看头发的颜色，是只有谁才拥有的？

男孩顿了片刻说："怎么是你？"

女孩说："第1次消失是1个星期，这次是两个星期，下次是不是永远？"

女孩说："难道我还不如1对+5重要吗？"

男孩说："随便你怎么说吧，你要是认为我是冲你的+5去的，那就是吧。"

屏幕前的女孩早已泪流满面……女孩努力地让自己看上去不那么难过，她生气的说："那么+5就送你了，你这号就是我的了。"

经过激烈地争吵……但最终他们还是和好了，女孩告诉男孩，朋友给自己介绍了一个老公，之所以会接受，只是因为生气男孩这么多天都没来。

男孩说："甩他，必须的。"

女孩就听从男孩的话，把那个陌生的男孩叫来，再说了很多句对不起之后，那个陌生的男孩似乎懂了，他什么都没说就走了。

那个陌生的男孩M语对女孩说，祝你幸福。那一刻，女孩觉得自己的幸福是背负着罪孽的。

就这样男孩和女孩又恢复了往常，男孩这次回来后似乎更爱女孩了。他对女孩说："老婆我爱你，以后再也不玩捉迷藏了。"女孩几乎感动得想哭。

女孩说自己多愁善感的有些像林黛玉，男孩就哄着女孩说，贾宝玉不是很爱林黛玉吗，不好意思，我就是贾宝玉。女孩开心地笑了。

故事似乎要以美好来结束了。

直到新飞，24号转档了，男孩并不喜欢新飞，甚至可以说是讨厌，所以不想玩了。

男孩依旧在游戏里说着宝宝我爱你。

一直到晚上，男孩说："分手吧。"

女孩以为男孩是在开玩笑，便说："你找打呀？"

可男孩却说，别闹了，我说真的呢，不喜欢你了。

女孩感觉像是一个晴天霹雳，顿时女孩的世界一片灰暗，心也好像裂开了一道伤口。

她试着询问："不喜欢我了？真的？你知道吗，你这句话可以让我哭一宿。"

可男孩似乎铁了心一样："哭吧，我的宝宝，宝贝不再守护你了。"

女孩强忍着泪水说："对不起打扰了，这一次你又要放开我的手。"

男孩依旧说着伤害女孩的话："你睡觉吧，你们女人的专利，睡醒了再找个更好的。"

女孩自嘲地笑了："呵呵，找个更好的……呵呵，更好的……"

"呵你个鬼啊，感情没有结果，放那么多感情干嘛？你怎么这么笨？"男孩的话像刀子一样，一下刺着女孩的心。

女孩渐渐平静下来："再见，祝你幸福，你自由了。"

没想到换来的却是男孩的一个"滚"字。多么严重的一个滚字，它像一把无情的锤子，击碎了女孩正在滴血的心。

女孩不再哭了，也许一个人在极度伤心时是没有眼泪的，女孩只是心寒而已……

故事就这样画上了句号。

还记得你曾经说过，永远不会说分手吗？

还记得你曾经说要守护我吗？还记得你陪我升级的时候说过如果可以你想永远站在宝宝身边为宝宝加血吗？

也许这些小事，你早已忘记，你伤的是你曾经说过最爱的人，这些你都知道吗？

可是我必须恨你，因为恨，我才会记住，我输了，输掉了一个爱人，输掉了信任，输掉了一个婚礼……

原来这一切只是老天开的一个玩笑，只是一场漫长的梦，我多么希望继续下去，可是梦却醒了。

我的宝贝，再见！

新飞飞潮爆换装秀，开启时尚《萌》时代

哥特套装+夏亚滑板+暴力兔是萌酷一族的最佳搭配！超酷的夏亚滑板加上具有绅士气质的哥特套装，营造出一种另类的混搭风格，而紧随其后的变异宠——暴力兔更糅合了一种后现代主义的魔幻科技主题，整体造型只有一个字：帅！两个字：很帅！三个字：非常帅！

清新糖果套装+幽兰翅膀+波斯猫是不是有一种精灵的感觉？穿上它去约会的话，相信宛如糖果般灿烂夺目而又甜美的你，会让他深深地沉浸在爱情的蜜罐里呢！而随身携带的波斯猫，也会让他觉得你是一个富有爱心的女孩子吧！

女仆装+柔羽翅膀+独角兽是天使在人间的装扮哟！想象一下，天使张开翅膀往前飞翔，后面跟随着纯洁的独角兽守护……这场景实在是太萌太梦幻了！或许每一个男孩子的心里，都希望有这样一个天使，变装成女仆来照顾自己吧！

萝莉套装+咕咕龙珠+火焰鱼是"萌"女孩的代表服饰！忽闪忽闪的大眼睛，娇俏可爱的连衣裙，搭配红水晶一般的咕咕龙珠，再跟上一只同样是色彩斑斓的火焰鱼，跳跃、灵动的感觉，是走"萌"路线女孩的最佳选择呢！

功夫熊猫套装+比翼双飞+火焰鱼是cosplay一族的最优选择哦！穿上憨憨的熊猫装，圆滚滚毛茸茸的样子，让人忍不住想摸上一把，而踩着滑板的熊猫又增添了一种个性化的感觉。藤蔓缠绕的滑板，围绕滑板飞翔的小鸟，带着超萌笑脸的火焰鱼，全都带着大自然的气息，这身装备可是崇尚环保的coser最佳造型呢！

作为中国最时尚火爆的网游，《新飞飞》又推出潮爆换装秀活动，誓要开创网游时尚的"萌"时代！众多靓丽流行服饰，多款超酷飞行器，更有古灵精怪的各色宠物供你挑选搭配！时尚简约，复古潮流，劲爆混搭……想怎么穿就怎么穿，想怎么炫就怎么炫！不但不要钱，还能领取《新飞飞》多项大奖呢！除了实物大奖IPOD、千元淘宝购物券之外，海兔、羞羞魔鬼鱼……只要你够萌够时尚，够酷够有型，它们就都归你啦！赶快去潮爆换装秀试穿略 >>
（http://show.ff.163.com/ffshow/）

购书送大礼，
限量版道具等你拿。
狂欢盛典，万众期待。点燃新老飞飞热情之火。

使用方法：

1. 进入游戏，按"B"打开背包，右键点击序列号激活器，输入序列号激活，即可获得"白金级贵宾礼包"；

2. 进入游戏，按"R"搜索NPC"推广使者"，双击搜索结果，自动寻路到NPC旁边，点击对话，输入序列号激活，即可获得"白金级贵宾礼包"。

注意事项：

- 5级以下使用。
- 一个序列号只能使用一次。
- 序列号有效期：2010 年 1 月 1 日到 2010 年 12 月 31 日。

如遇刮层损坏，请勿购买

刮开获得神奇密码